GLÜCK IST

SILVIA AESCHBACH

GLÜCK IST DEINE ENTSCHEIDUNG

Mein Jahr bei
den Ältesten und
was ich von ihnen
gelernt habe

Bibliografische Information der Deutschen Nationalbibliothek
Die Deutsche Nationalbibliothek verzeichnet diese Publikation in der Deutschen Nationalbibliografie. Detaillierte bibliografische Daten sind im Internet über http://dnb.d-nb.de abrufbar.

Für Fragen und Anregungen
info@mvg-verlag.de

Originalausgabe
2. Auflage 2019
© 2019 by mvg Verlag, ein Imprint der Münchner Verlagsgruppe GmbH
Nymphenburger Straße 86
D-80636 München
Tel.: 089 651285-0
Fax: 089 652096

Alle Rechte, insbesondere das Recht der Vervielfältigung und Verbreitung sowie der Übersetzung, vorbehalten. Kein Teil des Werkes darf in irgendeiner Form (durch Fotokopie, Mikrofilm oder ein anderes Verfahren) ohne schriftliche Genehmigung des Verlages reproduziert oder unter Verwendung elektronischer Systeme gespeichert, verarbeitet, vervielfältigt oder verbreitet werden.

Redaktion: Annett Stütze
Umschlaggestaltung: Marc-Torben Fischer
Umschlagabbildung: Walter M. Huber, shutterstock.com/De Visu, shutterstock.com/marino bocelli
Fotos: © Walter M. Huber
Layout und Satz: Carsten Klein, Torgau
Druck: CPI books GmbH, Leck
Printed in Germany

ISBN Print 978-3-86882-953-2
ISBN E-Book (PDF) 978-3-96121-256-9
ISBN E-Book (EPUB, Mobi) 978-3-96121-257-6

Weitere Informationen zum Verlag finden Sie unter
www.mvg-verlag.de
Beachten Sie auch unsere weiteren Verlage unter www.m-vg.de

Inhalt

Glück ist machbar!   9

Die Kämpferin: Suzette, 86   15
Suzettes Glücksrezepte   27

Der Weltoffene: Paul, 91   29
Pauls Glücksrezepte   43

Das Liebespaar: Gene, 84, und Pe, 84   45
Genes und Pes Glücksrezepte   55

Die Positive: Heidy, 90   57
Heidys Glücksrezepte   72

Der Disziplinierte: Bruno, 80   75
Brunos Glücksrezepte   89

Die Leidenschaftliche: Jrmy, 85   91
Jrmys Glücksrezepte   104

Die Starke: Margrith, 85   107
Margriths Glücksrezepte   121

Der Naturverbundene: Max K., 85   123
Max K.s Glücksrezepte   133

Die Positive: Elisabeth, »Bethli«, 89   135
»Bethlis« Glücksrezepte   144

Die Lebenskünstlerin: Margot, 100   147
Margots Glücksrezepte   157

Die Aufgeschlossene: Ruth, 91   159
Ruths Glücksrezepte   163

Mehr Mut zum Glücklichsein!   165

Meine zehn Glückserkenntnisse   167

Dank   171

Für Gertrud und Ruth

Glück ist machbar!

Was kann man von einer 97-Jährigen bezüglich Glück lernen? Sehr viel! Die US-amerikanische Innenarchitektin und Stilikone Iris Apfel, die für ihre extravaganten Outfits und ihre unkonventionellen Ansichten weltweit berühmt geworden ist, und sich selbst als »ältesten Teenager der Welt« bezeichnet, wurde in einem Interview gefragt, was für sie Glück bedeute: »Ich versuche, glücklich zu sein, wann immer ich kann«, sagte sie und verriet damit, dass für sie das Glücklichsein keine passive Angelegenheit ist, sondern viel mit der eigenen Einstellung zu tun hat, die auch unabhängig von äußeren Umständen funktionieren kann.

Auch wenn Iris Apfel in vielen Dingen eine Ausnahmeerscheinung ist: Ihr Glückscredo ist universell gültig. Denn es bedeutet: Glück ist machbar, und nicht nur eine Fügung oder Laune des Schicksals. Und je früher wir erkennen, verstehen und auch umsetzen, dass wir unser eigener Glückserzeuger sind, desto besser sind die Chancen auf ein ganz persönliches Happy End im Alter.

Doch leider halten sich in vielen Köpfen noch immer alte Stereotypen: alte Menschen und Glück? Kann nicht sein! Diese Gleichung scheint nicht aufzugehen. In einer Welt, in der der Jugendwahn blüht, geht es doch ab einem gewissen Punkt im Leben nur noch bergab, oder? Mit zunehmendem Alter werden wir schwächer und häufiger krank. Allfällige Schmerzen können zwar mit Medikamenten gemildert werden, aber unsere Lebenskraft schwindet trotzdem. Und wer im Alter nicht in die Demenz abtaucht, muss erleben, wie Freunde oder Lebenspartner sterben. Glücklich ist, wer seine letzten Jahre zu Hause verbringen darf. Doch meist kommt der Tag nach einem Sturz oder einer Krankheit und der letzte Umzug steht an. Im Alters- oder Pflegeheim wartet man darauf, dass sich Kinder und Enkel monatlich einen Kaffee lang um uns kümmern, um danach wieder in unsere Erinnerungen zu versinken, bis der Tod an die Tür klopft.

Weil viele dieses traurige Szenarium im eigenen Umfeld erlebt haben, rechnen wir damit, dass es uns auch so ergehen wird. Doch wenn wir uns darauf einstellen, verpassen wir womöglich neue und überraschende Realitäten, die einen hoffnungsvollen Blick auf eine bisher unterschätzte und sogar gefürchtete Lebensphase möglich machen.

Denn seit einigen Jahren ist das Altern einem langsamen, aber stetigen Wandel unterzogen. Aktuelle wissenschaftliche Erkenntnisse und soziologische Untersuchungen beweisen, dass gewisse Stereotypen und Vorurteile stetig an Wirkung verlieren und im Gegenteil immer mehr Menschen ihre dritte Lebenshälfte als ihre glücklichste bezeichnen.

Wir werden immer älter, und dies bei besserer körperlicher und geistiger Gesundheit. Durch medizinische Fortschritte sowie einen gesünderen Lifestyle in Sachen Fitness, Ernährung und Körperpflege bleiben wir leistungsfähiger und können so auch unsere Lieblingstätigkeiten länger ausüben, was wiederum unsere sozialen Kontakte stärkt. So wird nicht nur unser Wohlbefinden, sondern auch unser persönliches Glück gesteigert.

Soweit die Theorie.

Dass die Realität die Theorie durchaus noch übertreffen kann, zeigen uns die elf in diesem Buch porträtierten Frauen und Männer. Sie sind zwischen 80 und 100 Jahre alt, kommen aus verschiedenen sozialen Schichten und blicken auf die unterschiedlichsten Lebensgeschichten zurück. Gemeinsam ist ihnen jedoch, dass sie nicht nur in früheren Jahren immer wieder das Glück erkannt und sehr bewusst empfunden haben, sondern dies auch im hohen Alter noch tun. Und dies bei allen durchlebten Krisen und Verlusten, die in so einem langen Leben kaum ausbleiben. Von ihren Lebensgeschichten und ihren Einstellungen, von ihren Rezepten für ein glückliches Leben können wir viel lernen.

Ohne den Erkenntnissen aus den Gesprächen mit diesen spannenden alten Menschen vorzugreifen, möchte ich hier auf etwas Grundsätzliches hinweisen, das unabdingbar ist, damit das Glück einen finden kann: die positive Einstellung. Studien zufolge wird diese schon sehr früh geprägt, und so speichern wir schon in jungen Jahren ab, wie wir das Älterwerden später erleben werden. Empfinden wir diesen Prozess mehrheitlich als positiv oder gar glücksbringend, weil Eltern oder Großeltern dies so vorgelebt haben, haben wir gute Chancen, es auch so zu erleben. Erleben wir das Alter allerdings mehrheitlich als Mühsal, als Zeit der Einsamkeit oder gar Sinnlosigkeit, prägt uns das negativ. Natürlich gibt es gewisse Faktoren, auf die wir weniger Einfluss haben, sei es unsere Genetik oder die eigene Resilienz, wie wir mit Schicksalsschlägen umgehen, doch unsere eigenen Möglichkeiten und damit auch unseren Einfluss auf ein zufriedenes und glückliches Leben sollten wir nicht unterschätzen. Denn diese sind in der heutigen Zeit vielfältiger, als wir uns das vielleicht vorstellen können.

Was die alten Menschen in den folgenden Porträts erzählen, zeigt, wie man glücklich leben und selbst in hohem Alter noch Glück erleben kann. Wenn man es will. Denn glücklich zu sein, ist eine aktive Entscheidung, die wir immer wieder aufs Neue treffen müssen. Wir tragen für unser Glück viel mehr Verantwortung, als uns vielleicht bewusst ist. Selbst in Lebensphasen, in welchen gar nichts mehr geht und wir bereits aufgeben möchten, lohnt es sich, manchmal zu unkonventionellen Methoden zu greifen. Denn: »Manchmal musst du das Glück auch zwingen«, erkannte schon Udo Lindenberg in dem Song »Mein Ding«. Denn Glück ist nicht Schicksal. Es ist deine Entscheidung!

Die Kämpferin:

Suzette, 86

»I paid my bills.«

Dass ein »schwarzes Schaf« – als solches hat sich Suzette in ihrem Leben immer wieder mal gefühlt – mit zunehmendem Alter viele farbenprächtige Facetten entwickeln kann, und zwar nicht nur was das Äußere betrifft, beweist die 86-Jährige eindrücklich. Allerdings war es ein langer Weg, bis Suzette akzeptieren konnte, dass sie in vielem anders fühlt und Dinge anders wahrnimmt. »Schon früh habe ich gespürt, dass ich anders war als die Kinder in meinem Umfeld«, erzählt sie mir während unseres Gesprächs an einem sonnigen Vormittag in ihrem Zuhause. Und dieses »Anderssein« habe sich wie ein roter Faden durch ihr ganzes Leben gezogen. »Aber mit zunehmendem Alter und einer gewissen Reife habe ich gespürt, dass gerade diese Besonderheit, die sich in vielen Bereichen meines Lebens zeigt, die Grundlage für mein persönliches Glück war. Und immer noch ist.«

Zwischen diesem Gespräch und dem ersten Mal, als mir ihre außergewöhnliche Erscheinung in meinem Stammcafé aufgefallen war, liegen schon einige Jahre. Ein erster Hingucker waren ihre fast schulterlangen, flammend roten Haare, die einen spannenden Kontrast zu ihrem türkisfarbenen, weich fallenden Kleid boten. Über die schmalen Schultern hatte sie eine kurze orange Strickjacke gelegt, um den Hals, locker drapiert, einen roten Seidenschal. Darunter trug sie eine lange Silberkette mit einem Amulett, dazu verschiedene Armreifen.

Natürlich weckt eine solche Erscheinung Fantasien und straft gleichzeitig eigene Klischeevorstellungen. Denn tatsächlich schwankte ich damals zwischen Verwunderung und Bewunderung für ihren unkonventionellen Kleiderstil. Jedes Mal, wenn ich sie im Kaffeehaus wiedersah, zog sie mich von Neuem in Bann. Nicht nur wegen ihrer bunten Kleider, die sie geschmackvoll kombinierte, sondern vor allem wegen ihrer außergewöhnlichen Aura. Sie strahlte innere Gelassenheit und ruhiges Glück aus. Wenn sie lächelte, und dies tat sie oft, sah sie mit der kleinen Lücke zwischen den Vorderzähnen aus wie eine Mischung zwischen einer Waldfee, so wie ich sie mir als Kind vorgestellt hatte, und Rita Hayworth, dem Hollywood-Star aus den 1940er-Jahren.

»Die Rothaarige«, wie ich sie heimlich nannte, war meistens in Begleitung eines netten Herrn, der augenscheinlich jünger war als sie. Neugierig fragte ich mich, in welcher Beziehung sie zueinander standen. Es waren sicher nicht Mutter und Sohn, dazu war der Altersunterschied zu gering. Aber waren sie ein Paar? Obwohl sie diese besondere Vertrautheit ausstrahlten, war ich mir unsicher. Denn eigentlich beginnen sich doch langjährige Partner mit den Jahren äußerlich eher anzunähern. Sei es bezüglich der Kleidung, der Körperhaltung oder der Gestik. Aber dieses Paar konnte äußerlich nicht unterschiedlicher sein, doch irgendwie ergänzten sie sich auch. Sie, klein und zierlich, immer bunt gekleidet und kommunikativ, immer bereit, mit anderen Gästen des Cafés einen Schwatz zu halten. Er das offensichtliche Gegenteil: Groß gewachsen mit sportlicher Statur, das blonde Haar glatt und mit einem eher unauffälligen, klassischen Kleidungsstil, strahlte er eine gewisse freundliche Zurückhaltung aus. Es war klar, dieser Mann überließ den Auftritt seiner Begleiterin, die nicht nur meine Blicke auf sich zog. Lasen sie nicht gerade Zeitung, unterhielten sie sich lebhaft. Die beiden saßen sich am Tisch übrigens nur dann gegenüber, wenn sie keinen Platz fanden, um nebeneinander zu sitzen. Und nie tauschten sie öffentlich Zärtlichkeiten aus.

Mit der Zeit begann ich, zu rätseln, wer die Unbekannte sein mochte. Natürlich hätte ich die Bedienung fragen können, die ihre Stammkunden sicher besser kannte als ich. Aber mich reizte das »Kopfkino«, in welchem ich mir ausmalte, ob sie wohl eine ehemalige Ballettänzerin sei, wie mich ihre kerzengerade und grazile Haltung vermuten ließ. Eine Künstlerin, vielleicht eine Malerin, die ihre Liebe zu Farben in großen Ölbildern ausdrückt? Oder war diese Frau gar eine Heilerin, die mit ihren Energien Tiere und Menschen behandelte? Diese Variante gefiel mir am meisten, denn sie schien am besten zu dieser ungewöhnlichen Frau zu passen.

Eines Tages wurde meine Neugierde befriedigt – und dies auf eine überraschende Weise. Nicht, weil ich sie angesprochen hätte, sondern weil mir Suzette entgegenlächelte, als ich das großformatige Magazin einer Sonntagszeitung aufschlug. Unter dem Titel »Hier sehen die Jungen aber alt aus« posierte Suzette als Model in einer redaktionellen Modestrecke. Im ersten Moment hätte ich sie fast nicht erkannt. Sie war nicht mehr die alterslose, ätherische Waldfee in ihren gewohnt bunten Gewändern, sondern eine moderne, sehr präsente Frau mit einem umwerfenden Lachen. Wäre ich Agentin einer Modelagentur, hätte ich Suzette sofort unter Vertrag genommen. Und nicht zum ersten Mal dachte ich: Diese Frau hat unglaublich viele Facetten. Eine Ahnung, die sich später bewahrheiten würde. Denn neben ihrer scheinbaren Zerbrechlichkeit und der geheimnisvollen Aura, die sie stets umgab, zeigte sie sich hier kraftvoll und voller Energie. Ein sprichwörtliches Bild einer starken, glücklichen Frau, die vor Lebenskraft strotzt. Die selbstverständliche Eleganz, mit der sie in einem offen getragenen hellbeigen Designer-Trenchcoat posierte, war nicht aufgesetzt, sondern wirkte echt. Die gestylten Haare, die in große Wellen gelegt worden waren und das professionelle Make-up mit den leuchtend roten Lippen verliehen ihr einen glamourösen Eindruck. Eben: Rita Hayworth lässt grüßen! Fast erleichtert stellte ich fest, dass sie unter dem eleganten Mantel ein bedrucktes Kleid trug, das zwar nicht so auffällig bunt schien wie jene, in denen ich sie sonst sah, aber zusammen mit den auffälligen Accessoires war klar erkennbar: Diese Frau war, obwohl sie professionell gestylt wurde, ihrem Stil treu geblieben. Über diesen sagte sie im Interview mit dem Journalisten des Magazins: »Ich trage, was mich glücklich macht, und erfinde mich täglich neu. Mode ist für mich Fantasie, Fröhlichkeit und Inszenierung. Und sie macht mich immer wieder aufs Neue glücklich, weil ich durch sie meine verschiedensten Seiten ausleben kann.«

Nein, Suzette war kein professionelles Model, obwohl sie wie eines aussah. Und meine Ahnung hatte nicht getrogen. Laut dem Magazin war sie Physiotherapeutin und Heilerin. Kurz nachdem ich diese Fotos gesehen hatte, fasste ich mir ein Herz – es brauchte wirklich ein bisschen Überwindung – und gratulierte ihr, als ich sie das nächste Mal im Café sah, zu den gelungenen Aufnahmen. Sie strahlte mich an, bedankte sich, und von diesem Zeitpunkt an grüßten wir uns jedes Mal und wechselten ein paar Worte, wenn wir uns sahen.

Es sollte aber noch ein paar Jahre dauern, bis mir Suzette an einem heißen Sommertag in ihrem Zuhause die Geschichte ihres Lebens erzählen würde. Als ich die Arbeit an diesem Buch begann und herauszufinden versuchte, wie sich ältere Menschen ihr Glück erhalten oder gar erkämpft haben, war für mich klar: Sie musste dabei sein! Als ich sie mit meinem Wunsch ansprach, reagierte Suzette, wie ich es geahnt hatte: Sehr freundlich und ohne jegliche

Eitelkeit bedankte sie sich und bat sich Bedenkzeit aus. Später würde ich erfahren, dass es nicht das erste Mal war, dass jemand Interesse an ihrer Geschichte zeigte; sie war schon von verschiedenen Seiten ermuntert worden, ihre Biografie zu schreiben oder schreiben zu lassen. Es war an mir, mich glücklich zu fühlen, als sie zusagte, Teil dieses Buches zu werden. Und kurze Zeit später durfte ich sie und Bernhard besuchen. Endlich hatte der sympathische Begleiter einen Namen.

Als ich Suzette – sie bot mir bei meinem Besuch sogleich das Du an – bei dieser Gelegenheit erzähle, dass sie mich bei früheren Begegnungen immer ein bisschen an eine Märchenfigur erinnert hätte, lacht sie herzlich: »Das hast du richtig gespürt. Ich gehe regelmäßig in den Wald, das ist mein Rückzugsort, denn dort kann ich meine Energien am besten aufladen. Und es ist der Ort, an dem ich mich am glücklichsten fühle, weil ich dann eins mit der Natur bin.«

Dass sie »besondere Fähigkeiten« besitzt, merkte sie schon früh. »Während ich als Physiotherapeutin arbeitete, hörte ich immer wieder, ich hätte heilende Hände«, sagt sie. »Aber es brauchte lange Zeit, bis ich diese Fähigkeiten akzeptieren konnte und lernte, zu meinem Wesen zu stehen. Aber ich habe je länger ich arbeitete, desto mehr gespürt: Diesen Weg muss ich für mein ganz persönliches Glück gehen.«

Suzette ist in einer kreativen, gradlinigen, sozial denkenden und handelnden Familie aufgewachsen. »Meine Eltern waren weltoffen geprägt für diese Zeit.« Schon früh entdeckte sie aber, dass sie anders dachte und anders empfand als andere. »Ich liebte es, Grenzen zu sprengen, und passte mich nicht den üblichen Normen an.« Dies stieß in ihrem Umfeld oft auf Unverständnis. »Ich hatte schon damals klare Sichten zur ›Anderswelt‹.« Sprich: Sie sah Dinge und Menschen, die andere nicht sahen. Dies wurde mit dem Ausspruch »Das Kind hat einfach zu viel Fantasie« quittiert. Suzette stieß mit ihrer Art zwar oft auf Widerstände, aber durchaus auch auf Bewunderung. Sie wagte Dinge, die andere gerne getan, aber nicht gewagt haben. »Ich habe zum Beispiel als Kind einmal unsere Quartierstraße abgesperrt, um Zirkusvorführungen mit dem Velo aufzuführen, bis die Polizei eingetroffen ist. Diese konnten sich ein Lächeln nicht verkneifen«, erinnert sie sich schmunzelnd.

Einen großen Einfluss auf Suzette hatte ihr Großvater Ernst. Ihn bezeichnet sie »als großes Vorbild«. Er hatte sich vom Ziegenhirten zum Bankdirektor hochgearbeitet und galt in seiner Funktion als Retter der damals kriselnden Uhrenindustrie und Hotellerie. »Ich durfte ihn oft zu Sitzungen begleiten. Und als ich größer war, durfte ich seinen Wagen fahren.« Auch in anderer Beziehung hatte der Großvater eine prägende Wirkung. »Er war ein Naturfreund. Kraft und Ruhe holte er sich so oft wie möglich in der Natur.« Und er nahm seine Enkelin oft auf Berg- und Skitouren mit. Überhaupt hatte er immer ein offenes Ohr und Zeit für Suzette. »Auch an seinem Arbeitsplatz in der Bank, die sich an meinem Schulweg befand, durfte ich ihn besuchen. Übrigens: Über Geld hat er nie gesprochen.«

Die besondere Anziehung, die Suzette auf andere Menschen ausstrahlte, manifestierte sich auch darin, dass andere Menschen oft ihre Nähe suchten. »Wir hatten ein offenes Haus, Lehrlinge und wenig bemittelte Angestellte saßen oft bei uns am Mittagstisch.«

Nach der Schule ließ sich Suzette an einem Universitätsspital fünf Jahre lang zur Physiotherapeutin ausbilden. »Auch hier hörte ich von den Patienten oft, dass ich heilende Hände hätte.«

In den 1960er-Jahren heiratete sie einen Gynäkologen, obwohl sie eigentlich nie heiraten wollte, da das nicht zu ihrem freien und unkonventionellen Denken passte. »Aber ich war mit dem ersten Kind schwanger, und der gesellschaftliche Druck war in jener Zeit groß.« Man merkt, dass es Suzette nicht einfach fällt, über diesen Lebensabschnitt zu sprechen. Auch hier zeigt sich wieder ihre anständige und gradlinige Art. Sie würde nie schlecht über Menschen sprechen, die ihre Vergangenheit in welcher Weise auch immer mit geprägt haben, auch wenn man ahnen kann, dass dies eine schwierige Zeit in ihrem Leben gewesen war, die sie viel Kraft gekostet hat.

Während ihrer Ehe arbeitete Suzette als Therapeutin bei Rheumatologen und orthopädischen Chirurgen und ließ sich zur Röntgenassistentin ausbilden. Danach arbeitete sie mehrere Jahre in einem psychiatrischen Sanatorium. Sie habe sich auch später immer dann am wohlsten gefühlt, wenn sie sogenannten Minderheiten, die in schwierigen sozialen Verhältnissen lebten, helfen konnte. »Zu mir kamen immer die sogenannten Austherapierten«, erinnert sie sich. Ganz gleich, ob in der psychiatrischen Klinik oder in einem Hospiz für Aidskranke im letzten Stadium. Auch in der offenen Drogenszene engagierte sie sich in den frühen 1980er-Jahren. Suzette erzählt ohne jegliche Eitelkeit: »Es hieß dort oft: ›Jetzt kommt die Frau, die auftaucht, wenn sonst niemand mehr kommt.‹« Und die Fähigkeit, dass sie anderen Menschen durch ihre Fürsorge habe helfen können, mache sie heute noch glücklich.

Nach der Geburt der zweiten Tochter und nachdem ihr Mann eine Praxis in einem wohlhabenden Ort übernommen hatte, spürte sie immer stärker, dass dies nicht das Leben war, das sie führen wollte. »Die feine Gesellschaft war nichts für mich. Wäre ich geblieben, dann wäre ich krank geworden«, sagt sie schlicht.

Während ihrer Arbeit in einem Spital lernte sie vor gut 40 Jahren Bernhard kennen. Das Paar verliebte sich und zog mit ihrer jüngeren Tochter in ein Haus im Grünen. In dieser Zeit reisten die beiden viel. Die rote Haarpracht, die zu Suzettes Markenzeichen wurde, entstand bei einer Reise durch Tunesien. »Eine tunesische Zigeunerin hat mich einfach so in einen kaputten Lederstuhl gesetzt, der als ihr Frisörsalon auf der Straße stand. Sie mischte in einer Riesenschüssel Henna, Kurkuma, Schwarztee, Safran und weiß Gott was zusammen, schmierte das auf meinen Kopf, packte Zeitungen darum herum und ließ mich vier Stunden lang in der brütenden Sonne sitzen.« Die roten Haare sind geblieben. »Mein Frisör, zu dem ich seit 20 Jahren gehe, würde es mir nie verzeihen, wenn ich meine Haarfarbe ändern würde. Und ich bin glücklich, weil die roten Haare meine Eigenständigkeit unterstreichen.«

Auf einer Reise in die Tropen erkrankte Suzette schwer. Mit diesem körperlichen Einbruch begann eine schicksalsschwere Zeit: »Nach meiner Krankheit und dem dramatischen Tod meines 15 Jahre jüngeren Bruders und später auch nach dem Tod meiner Mutter suchte ich einen Ausweg und Erklärungen für das Geschehene.« Dank einer Freundin, die Heilpraktikerin ist, wurde sich Suzette ihrer besonderen Fähigkeiten noch bewusster. »Sie förderte und begleitete mich, den Weg zur ganzheitlichen Medizin und zum geistigen Heilen zu gehen, einen Weg, den ich bis heute beschreite.« Während der nächsten 20 Jahre hat sich Suzette aus- und weitergebildet, dies vorwiegend auch in England. »Die Bekanntschaft mit dem englischen Heiler Tom Johanson war und ist auch ein Teil meiner eigenen Heilung«, sagt Suzette rückblickend. Ihr neues Wissen und ihre Erfahrungen ließ sie in ihr therapeutisches Wirken einfließen, nun aber ausschließlich freischaffend und unentgeltlich.

Zeit eine Gesprächspause einzulegen und einen Blick in die hellen und einladenden Räume ihres Heims zu werfen, in der jedes Ding seinen Platz zu haben scheint. Nein, die »Waldfee« lebt mit ihrem Mann nicht in einem verwunschenen Häuschen weitab von Gut und Böse, sondern in einer modernen, luftigen Wohnung. Aber natürlich gibt es Hinweise, dass hier eine spirituelle Frau lebt. Sei es wegen der bunten Mantras, der Jogamatten oder der vielen Souvenirs, die an die zahlreichen Reisen erinnern, die das Paar zusammen unternommen hat.

Ein großes Thema in Suzettes Leben ist Selbstverantwortung. »Ich musste meinen Weg gehen, oft gegen alle Widerstände. Und das tun, von dem ich spürte, dass es für mich wichtig und richtig war. Und zwar ohne schlechtes Gewissen mir selber und meiner Familie gegenüber.« Woher aber nimmt die Mutter zweier Töchter um die 60, die Großmutter von fünf Enkelkindern zwischen 17 und 35 und eines vierjährigen Urenkels die Energie, sich auch heute noch ihren Aufgaben zu widmen? Denn eine gelebte ganzheitliche Spiritualität braucht Disziplin, damit Körper und Geist frisch bleiben. »Ich stehe jeden Tag um vier Uhr auf, mache meine Yogaübungen, meditiere und bete. Danach folgt ein tägliches Ritual mit meinen Karten. Bevor ich dann mit Bernhard in den Wald gehe, essen wir ein gesundes Frühstück, das Kraft gibt.« Bernhard, der sich während unseres Gesprächs im Hintergrund gehalten hat, schmunzelt, als Suzette ihn als ihren »Blumenmann« bezeichnet. »Welche Frau würde es nicht schätzen, dass ihr der Liebste frische Blumen bringt, und zwar schon seit Jahrzehnten?« Dass der landwirtschaftliche Berater und ausgebildete Yogalehrer 16 Jahre jünger ist als seine Lebensgefährtin, war für Suzette »nie ein Thema«. Und wenn man es sich richtig überlegt: Ein gleichaltriger Mann mit dem Aussehen eines Opas würde zu dieser quirligen Waldfee gar nicht passen.

»Bernhard verkörpert viele Dinge, die mir in einer Partnerschaft wichtig sind. Er ist tolerant, höflich, hat einen super Charakter, und wenn er etwas sagt, dann hat dies Gewicht«, schwärmt sie wie ein junges Mädchen, während Bernhard fast ein bisschen verlegen zu werden scheint. Und er teile ihren Wunsch nach einem »harmonischen, selbstbestimmten Leben«. Und um diese Aussage noch zu unterstützen, fügt sie energisch an: »In einer guten Beziehung braucht es sowohl Abstand wie Anstand.« Heirat war für das Paar nie eine Option: »Unsere Beziehung findet auf einer völlig anderen Ebene statt. Sie ist schwer zu beschreiben und hat, trotz massiver Widerstände aus dem Umfeld, bis heute ihren Weg gefunden. Auch wenn es Konflikte gab, hat das Herz immer den richtigen Ort gefunden.«

Und wie steht es um die Beziehung mit ihrer eigenen Familie? »Wir sind eine kunterbunte und kreative Truppe. Unser Glück ist es, dass wir die Wege und Entscheidungen des anderen respektieren.« Auch wenn sie einander manchmal längere Zeit nicht sehen würden, seien sie untereinander doch herzlich verbunden. Die Bemerkung »Meine Töchter hatten es nicht immer einfach, eine so unkonventionelle Mutter zu haben« lässt erahnen, dass es, wie in anderen Familien auch, während des Aufwachsens der Kinder zu Konflikten und Auseinandersetzungen gekommen ist. Auch in dieser Beziehung gilt Suzettes Lebensmotto: »Leben und leben lassen!«

Dass sie heute fähig ist, diese Harmonie zu leben, war »ein langer Prozess und manchmal auch ein Kampf: Mein heutiges Glück beruht darauf, dass ich alles, was ich getan habe, vor mir verantworten kann«, sagt sie nachdenklich. »Ich habe gekämpft, um mir diese kleine, heile Welt zu erschaffen, in der ich jetzt lebe.«

Ist der Tod, der in diesem Alter näher rückt, ein Thema? Sie überlegt nicht lange: »Mein Weg ist und wird bis zu meinem Tod mit Steinen belegt sein, die ich mit viel Kraft und Geduld aus dem Weg geräumt habe und auch weiter wegräumen werde. Nur mit absoluter Klarheit mir und anderen gegenüber bleibt eine Spur auf dem Lebensweg zurück.« Nur eines will Suzette nie: Dass, wenn sie schwer krank wäre, ihr Leben künstlich verlängert würde. Das natürliche Sterben hingegen nimmt sie gelassen: »Ich bin mit niemandem im Clinch.« Das helfe beim Loslassen. Und fast trotzig sagt sie: »I paid my bills!«

Daran gibt es keinen Zweifel.

Suzettes Glücksrezepte

»Es ist nicht einfach, wenn man immer wieder als ›schwarzes Schaf‹ oder gar als Außenseiterin bezeichnet wird. Für mich war dies jedoch eine Motivation, meine Besonderheiten zu akzeptieren und sie zu entwickeln. Heute bin ich stolz darauf, ein Paradiesvogel zu sein.«

***

»Nicht glauben, sondern fühlen. Keinen Abend ohne Vergebung mir selbst und anderen gegenüber ins Bett zu gehen.«

***

»Immer im Bewusstsein leben, von meinem Herzen her zu handeln, im Glauben an das Gute. Dies mit der Gewissheit, mein Möglichstes getan zu haben. Dies, auch wenn es andere nicht immer verstehen oder die Wirkung nicht erkennen.«

***

»Ich liebe die Mode und vor allem bunte, hochwertige Stoffe und außergewöhnliche Schmuckstücke, die für mich eine besondere Bedeutung besitzen. So kann ich mich in meinen verschiedensten Facetten zeigen. Ich finde es sehr schade, dass viele ältere Menschen keinen Mut mehr zu Farben haben. Denn diese tun gut und machen glücklich!«

Der Weltoffene:

Paul, 91

»Glück ist da oder es ist nicht da.
Es ist einfach Zufall, ein Geschenk.«

»Ich bin ein Glückskind«, sagt Paul.

Paul ist 91. Der Witwer hat seine Frau durch eine heimtückische Krankheit verloren. Das Erreichen eines solch hohen Alters wird von vielen Menschen als Leistung betrachtet. Oder vielleicht als Gottes Gnade. Doch machen wir uns nichts vor: Dieser letzte Lebensabschnitt ist häufig mit gesundheitlichen Problemen verbunden und mit der Tatsache, dass man sich immer häufiger von Lebenspartnerinnen und -partnern sowie Freundinnen und Freunden verabschieden muss.

Und jetzt lerne ich diesen alten Mann kennen, der sich selbst als Glückskind bezeichnet. Kann man eine solche Aussage ernst nehmen?

Schon kurz nach unserem Kennenlernen überrascht mich Paul im Gespräch mit seinem wachen Geist und klaren Aussagen bezüglich der »Machbarkeit« des eigenen Glücks. Und am Ende des ersten gemeinsam verbrachten Nachmittags glaube ich Paul und seiner realistischen Sichtweise: »Wenn ich am Ende meines Lebens sagen kann, die schönen Tage haben die schweren Tage bei Weitem überstrahlt, dann bedeutet das doch Glück. Oder nicht?«

Scheinbar ist Paul im Gegensatz zu vielen, nicht nur älteren Männern kein Verdränger problematischer Erlebnisse, und er ist auch kein Weichzeichner der eigenen Vergangenheit. Nein, der rüstige alte Herr weiß einfach das Gute zu schätzen, das ihm in über neun Lebensjahrzehnten widerfahren ist. Seine humorvolle und lebensbejahende Art, die frei von jeglicher Bitterkeit und Sarkasmus ist, wirkt wohltuend.

Auf den ersten Blick hatte der groß gewachsene Mann mit dem weißen Haarkranz auf mich wie ein Gentleman alter Schule gewirkt. Ich wäre nicht überrascht gewesen, hätte er zur Begrüßung meine Hand geküsst. Doch dann sah ich das schelmische Lächeln auf seinem Gesicht, und mir war klar, dass eine derart altmodische Geste bei uns beiden Gelächter auslösen würde. Ja, Paul verfügt durchaus über das selbstbewusste Auftreten eines erfolgreichen Ex-Unternehmers, aber gleichzeitig ist da auch dieser Schalk, der aus seinen Augen blitzte und ihn so sympathisch machte. Und ich verstand, warum meine Freundin, die Paul mir als ihren »Lieblingsonkel« vorstellte, ihn als »äußerst liebenswerten und unterhaltsamen Menschen, der mit sich und seinem Leben im Reinen ist« schilderte.

Da sitzen wir also vor unseren Getränken und lächeln uns an. Das Lächeln ist für mich nicht Mittel zum Zweck, um die Situation aufzulockern. Nein, ich kann einfach nicht anders, als Paul anzulächeln. Denn obwohl ich ihn erst zehn Minuten kenne, verspüre ich ein vertrautes Gefühl. Später wird mir Paul gestehen, dass es ihm ähnlich gegangen ist. Vielleicht spielt in meinem Fall die Tatsache hinein, dass ich meine Großväter nie erleben konnte und Paul – wir duzen uns selbstverständlich – dem Bild eines Traumgroßvaters nahekommt, jedenfalls was die guten Gefühle betrifft, die der alte Mann in mir auslöst. Doch äußerlich hat der braun gebrannte und sportliche Paul überhaupt nichts Altväterliches an sich. Und kein einziges Mal in den weiteren Gesprächen, die noch folgen, habe ich das Gefühl, mich mit einem Mann seines Alters zu unterhalten. Denn Paul ist ein interessierter Zeitgenosse und hat zu vielem eine pointierte Meinung. »Ich will informiert sein, was auf der Welt läuft. Das hält mich lebendig.«

Noch bevor ich Paul zum Thema Glück befragen kann, sagt er: »Wenn du ein Glückskind suchst: Es sitzt vor dir. Aber falls du ein Rezept von mir erwartest, wie man zu einem wird, muss ich dich enttäuschen. Glück ist da oder es ist nicht da. Es kann weder erarbeitet werden noch hat es mit der richtigen Einstellung zu tun. Es ist einfach Zufall, ein Geschenk.«

Glück ist also, wenn es nach Pauls Überzeugung geht, purer Zufall? Das würde ja bedeuten, dass der 91-Jährige bei der Vergabe seines Schicksals einen großen Lotto-Jackpot gewonnen hätte. Könnte es sein, dass Paul, unter all den Menschen, die ich für meine Gespräche über das Glück traf, der allergrößte Glückspilz ist?

»Nein, so einfach ist es natürlich nicht«, sagt er bestimmt. »Was ich unter dem Zufallsprinzip des Glücks verstehe, ist, dass ich für die tollen Dinge und Abenteuer, die ich erleben durfte und immer noch darf, dankbar bin.«

So habe ihm das Umfeld, in das er geboren wurde, ermöglicht, viele seiner Wünsche und Träume in die Tat umzusetzen. Und fast herausfordernd sagt Paul: »Und konnte ich diese glücklichen Umstände beeinflussen? Nein! Wäre ich in Afrika geboren worden, hätte ich nicht den Hauch einer Chance gehabt, mein Leben so zu leben, wie ich es tun konnte.«

Dass Paul Afrika erwähnt, ist kein Zufall. Nachdem er als junger Mann seine Prüfung als Baupolier-Bauführer abgelegt hatte, reiste er 1953 nach Afrika, um als Straßenbauer zu arbeiten. Stolz schwingt in seiner Stimme mit, wenn er mir mit leuchtenden Augen erzählt, wie ihn die Abenteuerlust gepackt hatte. Diese führte den 26-Jährigen an die Goldküste des heutigen Ghana, wo er am Bau von Straßen zum Abtransport von gefälltem Edelholz mitarbeitete. Er erzählt mit solcher Begeisterung darüber, dass ich keine Mühe habe, mir den jungen Paul vorzustellen.

In Ghana angekommen, lebte der junge Mann allein in einer kleinen Hütte im Dschungel, gut eine Stunde vom Bauleitercamp entfernt. »Die große Leidenschaft für Neues und Unbekanntes, die ich damals hatte, spüre ich auch heute noch, wenn ich auf eine große Reise gehe«, lacht er. So wie vor wenigen Wochen, als er mit seinem Sohn und dessen brasilianischer Lebensgefährtin in deren Heimat geflogen ist, um gemeinsame Ferien zu verleben. »Wir waren viel unterwegs, auch zu Fuß. Und es ist mir nicht schwergefallen, das Tempo mitzuhalten.« Aber natürlich kenne er die körperlichen Grenzen, die ihm sein Alter setze. »Aber im Großen und Ganzen bin ich doch noch ziemlich fit«, sagt Paul und zwinkert mir zu. Der alte Charmeur!

Glücklicherweise sei der Radius seiner Aktivitäten noch nicht so stark eingeschränkt wie bei den meisten Altersgenossen, die er kenne. »Ich habe das Reisen und die Tatsache, dass ich außer in Afrika auch jahrelang in den USA gelebt habe, immer als Horizonterweiterung empfunden. Es würde vielen Menschen guttun, mal aus ihrem engen Umfeld auszubrechen und sich den Wind der weiten Welt um die Nase wehen zu lassen«, sagt er. »Mich hat es jedenfalls glücklich gemacht, verschiedene Kulturen und neue Menschen kennenzulernen.«

Seine unvorbereitete Reise nach Afrika sieht Paul heute ziemlich nüchtern: »Ich war schon ziemlich naiv und hatte keine Vorstellung, was mich erwarten würde.« Doch offenbar hielt sich der Kulturschock in Grenzen. Denn nachdem er nach 18 Monaten in Ghana wieder zurück in die Heimat reiste, hielt es ihn dort nicht lange, und schon drei Monate später reiste er wieder nach Ghana, diesmal in die Hauptstadt Accra. Im August 1955 heiratete er dort seine damals 22-jährige Freundin aus der Schweiz.

Doch zurück zu seiner ersten Reise. Warum Afrika? »Das war eben einer jener glücklichen Zufälle, die ich in meinem Leben immer wieder erleben durfte«, sagt er. Er habe ein gutes Angebot des Unternehmens Swiss Lumber Co. erhalten, und da sei es keine Frage gewesen. »Ich packte, und weg war ich!« Brauchte er viel Zeit, um sich in der neuen Umgebung einzugewöhnen? »Nun ja, ein bisschen Zeit hat es schon gebraucht. Allein in einer Hütte im Urwald zu leben, war doch etwas anderes als das turbulente Familienleben, das ich von zu Hause gewohnt war.« Vor allem, dass es abends um sechs im Dschungel schon stockdunkel gewesen sei, sei gewöhnungsbedürftig gewesen. »Und meine Nachbarn waren Affen und Schlangen. Wobei, wenn ich es richtig überdenke, so anders ist es ja in der Zivilisation auch nicht«, lacht Paul.

»Jetzt mal ehrlich: Hattest du nie Heimweh oder Angst?«, frage ich ihn. »Es gab durchaus heikle Situationen. Aber richtig Angst hatte ich selten.« Die gefährlichste Begebenheit sei gewesen, als er an einem späten Nachmittag zu Fuß in einer Kakaoplantage mitten im Urwald unterwegs war. »Plötzlich stand ich Auge in Auge einer hoch aufgerichteten Mamba gegenüber, die ich im ersten Moment nicht erkannt hatte, da ich farbenblind bin.« Paul war so geschockt, dass er zuerst gar nicht wusste, was er tun sollte, und er zweifelte daran, die Nacht zu überleben. Der Boden war voll von den Blättern der Kakaopflanzen, und er habe es kaum gewagt, einen Schritt zu machen, erinnert sich Paul. »Die Sonne stand schon tief, und mir wurde zum Glück wieder klar, dass ich in Richtung der untergehenden Sonne gehen musste, damit ich zu der Straße, die ich selbst gebaut hatte, zurückfand.« Kurz vor Einbruch der Dunkelheit erreichte er schließlich die rettende Straße. »Dieses Erlebnis ist mir noch so nahe, als wäre es gestern gewesen.«

Paul sieht mich fast ein bisschen herausfordernd an: »Bin ich jetzt ein Glückskind oder nicht? Denn einen Biss der giftigen Mamba hätte ich definitiv nicht überlebt.«

Für Paul war dieses Erlebnis, das für ihn so glücklich geendet hatte, »Fügung des Schicksals«. Doch in mir wächst die Überzeugung, dass er zu Bescheidenheit neigt und gerne etwas tiefstapelt, wenn es darum geht, welchen Anteil er selbst an seinen Glückserlebnissen hat. Und der alte Herr genießt es sichtlich, mir von seinem spannenden Leben zu berichten. Als ich im Vorfeld dieses Treffens mit ihm telefonierte, fragte er mich, wie lange unser Gespräch wohl dauern würde. Als ich antwortete »zwei bis drei Stunden«, wirkte er fast ein bisschen enttäuscht. Er sagte: »O, nur so kurz?«

Ich hatte bei früheren Gesprächen mit alten Menschen die Erfahrung gemacht, dass diese nach einer gewissen Zeit des Erzählens etwas müde wurden und es schätzten, wenn ich einen weiteren Termin vorschlug. Die Gespräche können anstrengend sein, weil viele Erzählungen ja auch alte Gefühle wachrufen, die es zu verarbeiten gilt. Paul brauchte keine Pause. »Ich habe mir den ganzen Nachmittag reserviert, allerdings möchte ich meinen Zug um

19 Uhr erreichen. Aber wir können ja nächstes Mal weitermachen«, informierte er mich gleich zu Beginn unseres Gesprächs.

Dass der Witwer, vierfache Vater, siebenfache Opa und siebenfache Uropa über eine solch erstaunliche Energie verfügt, ist nicht alltäglich. Genauso wie die Tatsache, dass der 91-Jährige noch immer in der eigenen Wohnung lebt, und zwar ohne jegliche Unterstützung im Haushalt. Gesellschaft leistet ihm nicht nur seine große Familie, die ihn regelmäßig besucht, sondern vor allem auch seine Katze. Ich lerne die kleine Tigerkatze bei meinem zweiten Treffen mit Paul kennen. Diese Bekanntschaft startet allerdings nicht so harmonisch wie jene mit ihrem Besitzer. Grund dafür ist meine schwere Allergie gegen Katzenhaare, sodass ich den Ort des Geschehens rasch hustend und mit einer Triefnase verlassen musste.

Natürlich begleitet mich Paul auf dieser Flucht an die frische Luft. »Wir sind wie Bonnie & Clyde«, lacht Paul vergnügt, nachdem wir uns im nahe gelegenen Restaurant einen Drink genehmigen. »Nur, dass uns nicht die Cops in die Flucht getrieben haben, sondern meine Katze«, scherzt Paul.

Doch jetzt will ich mehr über sein Afrika-Abenteuer wissen. Was passierte nach diesem einsamen Jahr im Dschungel? Und wie kam es, dass ihn seine junge Ehefrau kurz darauf nach Ghana begleitete?

»Nach meinem einsamen Leben in der Hütte im Dschungel, wo ich ein Jahr lang sieben Tage pro Woche arbeitete, wollte ich zurück in die Zivilisation. Also reiste ich nach Accra, die Hauptstadt von Ghana.« Dort konnte er für eine Autovertretung und -werkstatt eine neue Halle bauen. Die Firma stellte ihn dafür an und gab ihm Geld für das Werkzeug, eine kleine Betonmaschine und das nötige Holz für Gerüste und Verschalungen. Es wurde ihm eine hohe Provision versprochen, die er nach der Fertigstellung erhalten sollte. Doch die Firma war knapp bei Kasse, und so überließ sie ihm statt Geld das Werkzeug und das Holz. Damit gründete er zusammen mit einem Kollegen aus der Schweiz ein eigenes Baugeschäft. »Drei Jahre später florierte es«, erzählt Paul stolz. »Wir beschäftigten gut 300 Mitarbeiter.«

Dieses Beispiel zeigt, was Paul unter »glücklichen Zufällen« versteht. Denn hätte er nach dem Flop des ersten Auftrags die Flinte ins Korn geworfen und aufgegeben, wäre sein afrikanischer Traum wohl anders verlaufen. »Es braucht eben auch den richtigen Riecher, um zu erkennen, wann man das Glück packen muss«, erklärt er seine damalige Entscheidung.

»Und wie war das jetzt mit deiner Frau, Paul? Wie hast du sie dazu gebracht, dich nach Afrika zu begleiten?« »Sie war ebenso abenteuerlustig wie ich«, schmunzelt er. Zuerst hätte ihn mit der damals 22-jährigen jungen Frau nur eine lockere Bekanntschaft verbunden. Als Paul aber für einen Ferienaufenthalt nach Hause gekommen war, vertiefte sich die Beziehung, und Paul hielt um die Hand seiner Liebsten an. Und so brach das junge Paar im August 1955 nach Accra auf, um wenig später in der Hauptstadt von Ghana eine katholische Hochzeit zu feiern. Ganz in Weiß. »Natürlich ohne vorher zusammengelebt zu haben«, betont Paul. Aber er sei sich sicher gewesen: »Sie ist die Richtige!« Das gut laufende Baugeschäft erlaubte es dem jungen Paar, ein gutes, wenn auch arbeitsreiches Leben zu führen. »Wir wohnten in einem hübschen Einfamilienhaus mit einem Mango- und einem Bananenbaum im Garten und hatten drei Hausangestellte. Als am 1. August 1957 unsere erste Tochter auf die Welt kam, war unser Glück komplett.«

Doch plötzlich wird Pauls Miene ernst. »Bevor ich dir meine Geschichte weitererzähle, will ich nicht verschweigen, dass es auch Zeiten gegeben hat, in denen ich das Gefühl hatte, das Glück habe mich verlassen.« Und diese traurige Geschichte beginnt viele Jahre später, als das Paar schon lange wieder in der Schweiz lebte. Pauls Frau begann, sich zu verändern. »Sie wurde misstrauisch und eifersüchtig und begann, mir nachzuspionieren. Ich verstand die Welt nicht mehr, denn ich war ihr immer ein guter, treuer Ehemann gewesen.« Die Situation verschlimmerte sich zunehmend, und Pauls Frau begann, bei gemeinsamen Freunden Anschuldigungen gegen ihn zu äußern. Diese wurden immer schwerwiegender. Und viele glaubten ihr und begannen, sich von Paul abzuwenden, weil sie davon überzeugt waren, dass er seine Frau betrügen würde. »Das war eine schlimme Zeit für mich«, sagt er. Und auch für die Kinder war es belastend, die Eltern so erleben zu müssen. »Eines Tages sagte mein Sohn zu mir: ›Papa, so geht es nicht weiter. Du gehst sonst kaputt. Bitte ziehe in eine eigene Wohnung, ihr könnt so nicht weiter zusammenleben.‹«

Schweren Herzens machte Paul, was sein Sohn ihm geraten hatte. Er konnte es nicht fassen, warum sich seine Frau charakterlich so verändert hatte. »Ich fragte mich immer wieder: Warum ist sie so böse mit mir?« Und Paul nahm sich diese schwierige und für ihn unbegreifliche Entwicklung seiner langjährigen Ehe so zu Herzen, dass sich sein nahes Umfeld zunehmend Sorgen machte: »Damals rief mich jeden Morgen mein Freund an, um sich zu vergewissern, dass ich noch lebe«, sagt er mit einem vielsagenden Lächeln, das ich nicht klar deuten kann.

Aber nicht nur Paul ging es mies. Auch der Zustand seiner Frau verschlechterte sich so sehr, dass sie in die Psychiatrie eingewiesen wurde. Dort wurde eine spezielle Form der Demenz diagnostiziert, die sich leider trotz Medikamenten nicht besserte. Trotz seiner Trauer und seines Schmerzes besuchte Paul seine Frau regelmäßig.

»Ich erkannte meine Frau nicht mehr. Nicht nur ihr Wesen hatte sich verändert. Als Folge der starken Medikamente hatte sich ihre Kleidergröße von 36 auf 56 vergrößert«, sagt Paul traurig.

Warum unternahm er diese Besuche weiter, obwohl sie nicht geschätzt wurden? »Ich hatte lange Jahre eine gute und liebe Frau, mit der ich es schön hatte und die mir tolle Kinder geschenkt hat. Mit der Zeit habe ich gelernt, für all dieses Positive dankbar zu sein.« Und auch seine Kinder, mit denen er ein sehr schönes Verhältnis hat, hätten ihm immer wieder Mut gemacht, sich mit dem Schicksal auszusöhnen und das Leben neu anzupacken.

Zu den schönen Erinnerungen gehören auch die vielen Jahre, die Paul mit seiner Familie im Ausland gelebt hat, auch wenn das afrikanische Abenteuer kein Happy End hatte. Kurz nach der Geburt der ersten Tochter im August 1957 erkrankte sein Geschäftspartner und verkaufte Paul seinen Firmenanteil. Zwei Jahre später gab es in der früheren englischen Kolonie einen grundlegenden politischen Wechsel. »Die europäischen Firmen, die an der ehemaligen Goldküste sesshaft waren, nahmen ihr Geld und brachten es außer Landes. Auch unser Schicksal war besiegelt, und wir mussten Afrika verlassen«, erzählt Paul. Und so reiste das Paar mit der kleinen Tochter in die Heimat zurück und ließ in dem Land, in das es so viele Hoffnungen gesetzt hatte, das Haus samt Einrichtung zurück. Das Inventar der Firma konnte Paul an einen amerikanischen Missionar verkaufen. Zurück in der Heimat lebte die junge Familie zunächst in einem Einfamilienhaus auf dem Land, später in einer Eigentumswohnung in der Stadt. Was für ein Kontrast zum afrikanischen Alltag mit Mango- und Bananenbaum vor der Tür!

Doch auch das ist typisch für Paul: Er schaffte es, die Enttäuschung über das Ende des afrikanischen Traums als Herausforderung zu sehen. Er fing beruflich wieder bei null an. »Ich machte mich erneut mit einem Baugeschäft selbstständig. Allerdings im kleinsten Rahmen. Jetzt arbeiteten nicht 300 Mitarbeiter für mich, sondern zwei. Ein Maurer und ein Handlanger«, lacht er. In den folgenden Jahren prosperierte die Firma und wurde größer – Paul arbeitete Tag und Nacht. Auch die Familie vergrößerte sich, drei weitere Kinder kamen zur Welt. Und bald lebte die Familie nicht mehr in einem einfachen Holzhaus, sondern in einem schönen Eigenheim. Doch die enorme Arbeitsbelastung und die große Verantwortung für das Geschäft hatten ihren Preis. Mit Anfang 50 bekam Paul gesundheitliche Probleme. »Nachdem ich in der Nacht Angina-Pectoris-Anfälle hatte, musste ich mir eingestehen, dass ich mich überfordert hatte.« Paul erkannte glücklicherweise die Zeichen der Zeit und stellte einen Geschäftsführer ein. Das fiel ihm nicht leicht, »da ich es nicht gewohnt war, Verantwortung abzugeben«.

Der Unternehmer gab nicht nur Verantwortung für sein Unternehmen ab, er übernahm auch welche: für seine Gesundheit. Auf einmal bezeichnet er diese Entscheidung nicht »als glückliche Fügung des Schicksals«, sondern als bewusste Entscheidung für ein gutes Leben. Gemeinsam mit seiner Frau, seiner jüngsten Tochter und dem Hund zog er nach Orlando. In Florida, das bekannt für sein angenehmes Klima ist, wollte er das Leben genießen. Und flexibel wie er war, lebte sich Paul schnell in den neuen Alltag ein, der zum ersten Mal aus mehr Freizeit als Arbeit bestand. Aber Paul blieb durch und durch Unternehmer und konnte nicht einfach die Hände in den Schoß legen. Alle drei Monate flog er nach Hause, um sich zu vergewissern, dass sein Baugeschäft gut lief. Was es, zu seiner Beruhigung, auch tat.

Sieben Jahre lebte die Familie glücklich in den USA. Die Tochter besuchte die Highschool und danach das College. Da aber seine Frau zunehmend Heimweh nach der Familie und den Freunden entwickelte, brach man erneut die Zelte ab und kehrte in die Heimat zurück. Paul stieg wieder ins eigene Unternehmen ein. »Doch ich hatte meine Lektion gelernt und achtete auf eine ausgewogene und gesunde Lebensführung. Dies war möglich, weil mein Sohn ins Geschäft eingestiegen war und ich die Verantwortung teilen konnte.«

Seit 20 Jahren lebt Paul inzwischen in seiner eigenen Wohnung, in die er gezogen war, als das Zusammenleben mit seiner Frau nicht mehr möglich war. Obwohl er eine langjährige Beziehung mit einer neuen Partnerin hatte, die vor zwei Jahren verstarb, kam für ihn eine zweite Heirat nicht infrage. Fehlte ihm nach dem tragischen Ende seiner Ehe und dem Tod seiner Frau der Mut, noch einmal eine so enge Bindung einzugehen? »Das hatte nichts mit Mut zu tun. Obwohl ich die Zeit mit meiner verstorbenen Freundin genossen habe, hatte ich kein Bedürfnis, noch einmal zu heiraten.«

Auch wenn Paul mit seinen bald 92 Jahren noch unglaublich fit ist, beschäftigt ihn das Thema Tod. »Allerdings nicht allzu sehr, denn dafür genieße ich das Leben viel zu sehr. Und ich hoffe, dass ich meinen Tod bewusst erleben darf, so wie ich das Leben sehr bewusst lebe.«

Zu einem bewussten Tod gehört für den Senior aber kein unnötiges Leiden, wenn es keine Hoffnung mehr gibt. Darum hat sich Paul bei einer Sterbehilfeorganisation eingeschrieben. Ist das mit seiner Religion vereinbar? »Lange war ich ein regelmäßiger Kirchgänger und habe mich auch in der Kirchenpflege engagiert, da ich mich so eingebettet fühlte. Aber langsam hat sich mein Glaube verändert. Ich bin auf meine Weise immer noch gläubig, aber realistisch gesehen muss ich sagen: Nach dem Tod ist alles fertig.« Seine letzte Ruhestätte hat er ebenfalls schon ausgesucht. Die Urne mit seiner Asche soll bei einer Waldhütte, in der er viele schöne Stunden mit seiner Frau, der Familie und seinen Freunden verbrachte und wo er heute noch oft hinfährt, beigesetzt werden.

Beim letzten Gespräch fühle mich etwas wehmütig, denn in den letzten Wochen ist mir Paul ans Herz gewachsen. Die Tatsache, dass er am gleichen Tag wie mein verstorbener Vater Geburtstag hat, würde er vielleicht als »glücklichen Zufall« bezeichnen, für mich bedeutet die Freundschaft mit Paul einfach nur Glück. Denn ist es nicht wunderbar, von einem älteren Menschen, notabene einem Glückskind, lernen zu dürfen, wie man mit Humor, Gelassenheit und Positivität nicht nur manche Krise überwinden, sondern – noch viel wichtiger – das Leben immer wieder aufs Neue schätzen und genießen kann?

Pauls Glücksrezepte

»Raus aus dem Alltag und rein ins Leben! Es müssen ja nicht gerade Afrika oder Amerika sein wie bei mir. Aber eine neue Umgebung und eine andere Sichtweise aufs Leben tun gut und öffnen den eigenen Horizont.«

***

»Ich habe gelernt, gesundheitliche Warnzeichen nicht zu übergehen. Denn wir Männer neigen ja diesbezüglich zum Verdrängen. Auch wenn es für mich schwierig war, mein Unternehmen für eine gewisse Zeit zu verlassen, um mich zu erholen, war es die richtige Entscheidung.«

***

»Ich bin gleichzeitig Realist und auch Optimist. So rechne ich mit dem Besten, und wenn es anders kommt, versuche ich dies anzunehmen und zu akzeptieren.«

***

»Ich habe mein Leben immer wieder reflektiert, weil mir bewusst ist, wie schnell alles vorübergeht. Darum habe ich, nachdem ich einen Schreibkurs besucht habe, eine Autobiografie geschrieben. Dies nicht nur für meine Familie, sondern vor allem für mich selbst.«

Das Liebespaar:

Gene, 84, und Pe, 84

»Wir beide sind unser größtes Glück.«

Ja, es scheint sie wirklich zu geben, diese von so vielen Menschen ersehnte Liebe, die ein ganzes Leben lang hält. Vor über 60 Jahren haben sich die junge Gene und ihr Schwarm Pe ineinander verliebt. Seit 58 Jahren sind die beiden glücklich verheiratet. So viel zu den Fakten. Die Liebesgeschichte, die hinter diesen Zahlen steckt, ist zauberhaft und weckt die Hoffnung, ein ähnliches Glück erleben zu dürfen. Auch wenn dies für die meisten von uns natürlich nicht im gleichen zeitlichen Ausmaß möglich ist.

Als der 18-jährige Pe an einem Samstagabend die gleichaltrige Gene zum ersten Mal ins Theater ausführte, konnte er nicht ahnen, welche »langfristigen Folgen« sein Flirt haben könnte. Für ihn war das Mädchen, das für ihn schwärmte, einfach ein heißer Feger, wie er im Rückblick lachend erzählt. Dagegen hatte Gene mit typisch weiblicher Intuition bereits schon Wochen zuvor bei der ersten zufälligen Begegnung mit Pe gespürt: »Der könnte es sein!« Dass dieser sie zuerst gar nicht wahrgenommen hatte, schmälert die schöne Liebesgeschichte nicht im Geringsten.

Es war im Jahr 1952. Schauplatz der folgenschweren Begegnung war die Straßenbahn der Linie 3. »Obwohl ich ihn zuerst nur von hinten sah, gefiel mir der junge Mann mit der schmalen Gestalt und den langen Beinen, die in Knickerbocker steckten, auf Anhieb. Aber leider stieg er immer schon ein paar Stationen vor mir aus«, erzählt Gene. Übrigens, ihr Mann gefalle ihr auch 66 Jahre später immer noch »über alle Maßen«, schwärmt sie mit glänzenden Augen, während ihr Objekt der Liebe in der Küche für uns Kaffee kocht. Dass sie während seiner kurzen Abwesenheit so intensiv für ihn schwärmt, hat nichts damit zu tun, dass sie sich genieren würde, so offen über »die Liebe meines Lebens« zu schwärmen. Sie wird dies im Verlauf unseres ersten Treffens, das im schmucken Eigenheim der beiden stattfindet, immer wieder machen. Es scheint eher so, als möchte und könnte die alte Dame, die in diesem Moment mit ihren strahlenden Augen wie ein junges Mädchen wirkt, ihre Gefühle für ihren Mann nicht verstecken.

Wenig später sitzen wir zu dritt am Wohnzimmertisch, der mit weißen Spitzenuntersätzen und feinem Porzellan liebevoll gedeckt ist. Die Croissants duften verführerisch. In dieser einladenden Atmosphäre fällt es leicht, ein persönliches Gespräch zu beginnen. Erwartungsvoll sitzen mir Gene und Pe gegenüber. Obwohl wir uns heute zum ersten Mal begegnen, haben die beiden schon beim ersten Handschlag auf das freundschaftliche »Du« bestanden.

Sie sitzen nahe beieinander und berühren sich immer wieder liebevoll an den Händen. Eine leichte Nervosität ist spürbar, oder ist es einfach die Vorfreude auf unser Gespräch? Vor allem Gene strahlt ihren Mann immer wieder an. Sie ist auch die Kommunikativere der beiden. Wenn sie über das Kennenlernen mit ihrem Pe spricht, sprudeln die Worte nur so aus ihr heraus, als hätte sie nur darauf gewartet, ihm auch öffentlich ihre Liebe zu gestehen. Er überlässt seiner Frau gerne die Kommunikation, grenzt sich aber nicht ab, wie es Männer gerne machen, wenn die eigene Frau zum ausgiebigen Erzählen neigt. Im Gegenteil: Er hört ihr aufmerksam zu. Nur wenn seiner Meinung nach ein Detail nicht stimmt, unterbricht er sie liebevoll. Obwohl dies während dieses Vormittags mehrmals passieren wird, kommt nie der Hauch einer genervten Stimmung auf, die sonst oft typisch ist, wenn zwei gewisse Begebenheiten aus ihrer Sicht erzählen.

Nicht so bei Gene und Pe. Das gegenseitige Wohlwollen, die zärtlichen Blicke, die sie sich zuwerfen, und die spürbare Freude, dass sie einander auch noch im hohen Alter haben dürfen, lösen ein warmes Gefühl aus.

War es Zufall oder »Fügung«, wie Gene später sagen wird, dass ich auf diese außerordentlichen Menschen gestoßen ist? Wer weiß? Der Hinweis kam von einer Freundin. Als ich ihr erzählte, dass ich ein langjähriges, glückliches Paar suche, meinte sie: »Wenn du zwei suchst, die sich von ganzem Herzen lieben und diese Liebe als größtes Glück ihres Lebens bezeichnen, dann musst du die Eltern meiner Lebenspartnerin besuchen.« Und so kam es, dass ich ein paar Wochen später im Wohnzimmer von Gene und Pe saß. Dass den beiden Ästhetik wichtig ist, zeigt die geschmackvolle Einrichtung der Wohnung, die mit ausgesuchten klassischen Möbeln eingerichtet ist. Augenfällig ist das ostasiatische Kunsthandwerk, das vor allem Pe über die Jahre hinweg gesammelt hat. Und auch die Outfits des Paares zeugen von Stil. Während er zurückhaltend in Grau gekleidet ist, trägt sie ein himmelblaues Kleid des französischen Designers Louis Féraud, welches sie gemeinsam mit ihrem Mann vor 40 Jahren gekauft hat. »Ich musste ein paar Änderungen vornehmen, aber es passt immer noch perfekt.« Um den Hals trägt sie eine Kette mit einem auffälligen Skarabäuskäfer des Juweliers Gilbert Albert. »Ein Glücksbringer«, wie sie sagt, und natürlich ein Geschenk ihres Mannes. »Ja, meine Liebe, ich habe dir immer gerne Schmuck geschenkt, schließlich muss ein Schmuckstück auch geschmückt werden«, sagte er zärtlich.

Solch geschliffene Liebeserklärungen könnten durchaus ein gewisses Unbehagen auslösen. Doch nicht so bei diesem Paar. Ich bin gerührt über die Offenheit, mit der die beiden über ihre Gefühle zueinander sprechen, auch wenn ich anfänglich fast nicht glauben konnte, dass eine Beziehung nach so langer Zeit noch so lebendig und liebevoll sein kann. Und dies bei Vertretern einer Generation, in der das offene Zeigen von Gefühlen alles andere als üblich ist.

Doch zurück zu den Anfängen dieser außergewöhnlichen Liebesgeschichte. Auch nach einigen Wochen, in denen die junge Gene ihn immer wieder in der 3er-Straßenbahn sah und ihm versteckte sehnsüchtige Blicke zuwarf, machte er keine Anstalten, die junge Frau anzusprechen. Sie hingegen war nicht untätig gewesen. Über eine Kollegin hatte sie den Namen und die Adresse ihres Schwarmes herausgefunden – den Mut ihn selbst anzusprechen, hatte sie jedoch nicht. Der Name des jungen Mannes stellte sich im Nachhinein als falsch heraus. Laut der Freundin sollte der junge Mann Hans-Peter heißen, darum nannte Gene ihn heimlich HP. Und als sich beim späteren Kennenlernen herausstellte, dass er eigentlich Hans-Rudolf heißt, fand die glücklich Verliebte, dass HP besser zu ihm passen würde. Und mit der Zeit wurde aus HP eben Pe.

Doch dann schien das Schicksal die Geduld zu verlieren und griff ein. »Am 16. Dezember um 17.41 Uhr musste die Straßenbahn notfallmäßig stoppen. Pe verlor das Gleichgewicht und prallte gegen mich«, erzählt Gene. Natürlich kennt sie noch alle Details dieses ersten heftigen und doch unschuldigen Körperkontakts. Zu diesem Zeitpunkt waren bereits vier Monate vergangen, seit sie zum ersten Mal ein Auge auf den jungen Mann geworfen hatte. »Fügung«, nennt Gene diesen Vorfall, »Zufall«, entgegnet Pe lachend, aber natürlich ist auch er über »diesen Schub des Schicksals« froh. Die beiden kamen ins Gespräch, und bereits kurze Zeit später verabredeten sie sich für einen gemeinsamen Theaterbesuch an einem Samstagabend.

Es dauerte noch vier weitere Monate, bis es zum ersten Kuss kam. Und natürlich weiß die 84-Jährige auch noch das genaue Datum dieses großen Ereignisses. Es war der 13. April 1953. Und aus der Ahnung, dass er vielleicht der Richtige sein könnte, wurde Gewissheit: »Ich wusste: Pe ist es!«, sagt sie schlicht.

Es vergingen acht lange Jahre, nachdem Gene ihren Pe zum ersten Mal erspäht hatte, bis zu ihrer Heirat im Jahr 1960 – »und bis wir das erste Mal zusammen sein durften«. Zuerst musste die Aussteuer zusammengespart werden, und Pe musste seine Lehrerausbildung abschließen. Gene lässt durchblicken, dass auch nach der ersehnten Verlobung »noch nichts zwischen uns lief«. Wenn wir gerade beim Thema sind. Nach fast 60 Jahren Beziehung sollte diese Frage erlaubt sein: Gab es während dieser langen Ehe nie eine Versuchung durch einen anderen Mann oder eine andere Frau? »Ich habe nach diesem Kuss nie mehr einen anderen Mann angeschaut«, sagt Gene im Brustton der Überzeugung, und auch Pe bestätigt: »Es gab für mich immer nur Gene!« Hatte er wirklich nie das Gefühl, etwas verpasst zu haben? Pe schüttelt den Kopf: »Gene war und ist meine große Liebe.«

Was aber ist das Geheimnis dieser langjährigen, glücklichen Beziehung? Und lässt sich dieses überhaupt ergründen? Natürlich gibt es Gemeinsamkeiten, die ein Paar über lange Zeit verbinden können. Beispielsweise Kinder. »Ja, unsere beiden Kinder waren uns immer sehr wichtig, wir lieben unsere vier Enkel, aber wir haben uns auch als Paar nie im Alltag verloren«, sagt Gene. Wie eng die Beziehung zwischen den Großeltern und dem Enkel Nico, heute 24 Jahre alt, ist, zeigt, dass dieser nach einem Wohnungswechsel seiner Mutter vor 15 Jahren bei den »Grosis«, wie er Gene und Pe nennt, wohnen bleiben wollte. So musste er die Schule nicht wechseln. Sowohl die Großeltern als auch Nico hätten diese Zeit sehr genossen, erzählt mir Nicos Mutter Hannah. Als dann Nico nach einer gewissen Zeit doch zu seiner Mutter zurückging, waren Gene und Pe traurig.

Doch neben der Familie sind gemeinsame Interessen wie das Haus, das die beiden so liebevoll eingerichtet haben, wichtig. Und natürlich die gemeinsamen Reisen. »Jedes Jahr fahren wir mit dem Zug nach Saint-Jean-Cap-Ferrat in Südfrankreich in die Ferien.« Und was bei einem Paar, das so eng zusammen ist, fast ein bisschen erstaunt: gegenseitige Freiheiten. »Man muss nicht immer aneinanderkleben, sondern sollte immer wieder mal allein Dinge unternehmen, so hat man sich auch immer etwas zu erzählen«, lacht der 84-Jährige. Trotzdem gesteht Pe, dass es ihn manchmal schon »ein bisschen genervt« habe, wenn seine Frau mit Freundinnen verreist ist.

Und dann wird der alte Herr ein bisschen philosophisch: »Ich will mich in meinem Gegenüber spiegeln können. So kann ich mich selbst besser kennenlernen. Und Gene ermöglicht mir das.« Aber natürlich begeistere ihn auch »ihr gutes Aussehen und ihr toller Charakter. Sie ist so voller Lebensfreude, Herzlichkeit und Fröhlichkeit und dazu eine offene, fürsorgliche und empathische Frau. Es gibt keine Bessere für mich!« Gene, die jedes Wort, das er sagt, aufzusaugen scheint, schluckt sichtlich gerührt: »Für mich ist es das größte Glück, dass ich meine große Liebe gefunden habe und schon so lange behalten darf.« Und zum ersten Mal an diesem Vormittag sagt sie jenen Satz, den sie bei unseren späteren Treffen wiederholen wird. »Wenn Pe vor mir sterben würde, möchte ich auch nicht mehr leben.«

Dabei ist es Gene, die gesundheitliche Probleme hat. Wie im Jahr 2015, als sie mit einer schweren Krankheit im Krankenhaus lag. »Ihr Zustand war ein ständiges Auf und Ab«, erinnert sich Pe mit ernster Miene. »Lange fanden die Ärzte nicht heraus, was die Ursache war. Ich konnte es fast nicht mehr ertragen, meine Frau so leiden zu sehen. Ich habe in dieser Zeit wirklich mit Gott gehadert«, erinnert er sich sichtlich berührt. In dieser Zeit habe er einmal mehr gemerkt, wie wichtig seine Frau für ihn sei. Verständlicherweise gewöhne man sich an eine Partnerin, wenn man solch lange Zeit zusammen sei. Aber er habe in dieser schweren Zeit noch einmal gespürt, wie wichtig ihm Gene in so vielen Belangen sei. In dieser Zeit, in der er nicht sicher war, ob seine Frau je wieder gesund werden würde, habe er herauszufinden versucht, wer seine Frau wirklich sei, und was sie »in ihrer Essenz« ausmache. Wusste er dies nach einer so langen Beziehung wirklich nicht? Pe versucht mir zu erklären, was genau er mit »Essenz« meint: »Ja, natürlich kannte ich viele Seiten von Gene, aber ich wollte auch, dass andere Menschen spüren, was für ein vielschichtiger, außergewöhnlicher Mensch sie war.« War? Also im schlimmsten Fall, wenn Gene gestorben wäre? Langsam verstehe ich. Pe wollte, falls er die Lebensgeschichte seiner Frau schreiben müsste, diese so präzise wie möglich verfassen. Auf den ersten Blick könnte eine solch realistische Sicht fast ein bisschen herzlos wirken, doch Pes Verhalten beweist für mich das Gegenteil. Trotz der tiefen Sorge und der Angst um seine Frau wollte er ihr gerecht werden. Ihm war es wichtig, dass auch andere Menschen Gene so sehen würden, wie er sie sah: mit den Augen der Liebe. In diesem Moment spüre ich auch bei ihm diese tiefe Verbundenheit zu seiner Lebenspartnerin. Vielleicht spricht er weniger über seine Gefühle, doch er zeigt sie auf ganz eigene Art und Weise.

Doch das Schicksal meinte es zuerst einmal gut mit den beiden Liebenden. Die Ärzte fanden die Ursache für Genes schlechtes Befinden: Es war die Nebenschilddrüse, die ihr so zu schaffen machte. Nach vier Monaten im Krankenhaus, in denen sie von ihrem Mann fast täglich besucht wurde, konnte sie allerdings noch nicht nach Hause, sondern wurde in die Reha verlegt. In dieser Zeit erlitt Pe einen Herzinfarkt. Dass ihr Fels in der Brandung in dieser schweren Zeit plötzlich selbst erkrankte, war für Gene »grausam«. Sie wolle sich gar nicht mehr an diese Zeit erinnern und an die vielen Tränen, die sie damals geweint habe. Und zum zweiten Mal an diesem Vormittag sagt sie leise den Satz: »Ohne Pe hätte ich nicht mehr leben wollen.«

Während ihr Mann einen Ordner suchen geht, um gewisse Daten zu verifizieren, »es muss alles seine Richtigkeit haben«, schaut mich Gene ernst an. »Es ist für mich sehr schwierig, mit meinen Verlustängsten umzugehen. Doch dann überwiegt die Dankbarkeit, und ich sage mir: Ich hatte und habe ein solches Glück, diese Liebe erleben zu dürfen.«

Dass Genes Sorgen zum Zeitpunkt unseres Gesprächs wieder akuter sind, hat einen Grund. Es geht allerdings nicht um Pes Gesundheit, sondern um ihre eigene. In ein paar Wochen muss sie sich einer Herzoperation unterziehen. Wann das genau sein wird, weiß sie bei unserem Treffen noch nicht. »Wenn ich vor ihm sterbe, ist es nicht so schlimm, wie wenn er vor mir gehen würde.« Doch schnell fasst sie sich wieder und greift nach Pes Hand, der sich inzwischen wieder zu uns gesetzt hat: »Gell, wir haben noch eine schöne Zeit vor uns, Schatz!«

Als ich das Paar an diesem Vormittag verlasse, hoffe ich das ebenfalls. Als ich zu ihr sage »Alles wird gut, liebe Gene«, drückt sie mich fest an sich.

Die Wünsche wurden erhört. Gene hat ihre Operation inzwischen gut überstanden. Und während ich diese Zeilen schreibe, weilen sie und Pe im jährlichen Urlaub am Cap Ferrat. Das Schicksal scheint es wirklich gut mit diesem liebenden Paar zu meinen.

Genes und Pes Glücksrezepte

»Ich sehe meine Frau immer wieder als das junge Mädchen, in das ich mich vor langer Zeit verliebt habe.«

***

»Auch wenn uns das Familienleben und unsere Kinder immer sehr wichtig waren, wir haben nie vergessen, dass wir ein Liebespaar sind. Und diese Liebe pflegen wir.«

***

»Freiheiten, gepaart mit gegenseitigem Vertrauen, machten es möglich, dass jeder auch immer wieder ein eigenes Leben führen konnte. So blieben wir füreinander interessant.«

***

»Reden. Reden. Reden. Und zwar nicht nur über Alltägliches, sondern auch über Gefühle.«

***

»Dankbar sein, dass man eine große Liebe erleben darf.«

Die Positive:

Heidy, 90

*»Selbst wenn man davon überzeugt ist,
dass man nach einem schweren Verlust
nie wieder glücklich sein kann, man kann!«*

Heidy führte lange Jahre ihres Lebens ein ausgesprochen glückliches Leben, auch wenn es, wie bei den meisten Menschen, neben Hochs auch Tiefs gab. »Das Wichtigste für mein Glück war immer mein Mann, Hans. Sein allzu früher Tod stürzte mich in eine tiefe Krise. Lange glaubte ich nicht mehr daran, nochmals glücklich werden zu können«, sagt die 90-Jährige heute. Doch nicht nur der Verlust ihres langjährigen Ehemannes, auch gesundheitliche Probleme machten ihr das Leben zunehmend schwer und führten dazu, dass sie ihre Wohnung, in der sie viele Jahre mit ihrem Ehemann glücklich war, aufgeben musste. Auch der Umzug ins nahe gelegene Alters- und Pflegeheim war nicht einfach. Doch inzwischen hat sich Heidy mit dem Schicksal ausgesöhnt. Und noch mehr als das: Die alte Dame lebt jetzt die Fürsorge, mit der sie lange Jahre ihre Familie verwöhnte, in ihrem neuen Zuhause aus, indem sie sich aktiv um ihre Mitbewohner- und Mitbewohnerinnen kümmert, denen es nicht so gut geht. »Erst hier habe ich gemerkt, wie wichtig es für mich auch heute noch ist, die Menschen, mit denen ich zusammenlebe, zu unterstützen und ihnen zu helfen.« Zudem beschäftigt sich Heidy mit Dingen, die sie nach dem Tod von Hans wieder neu entdeckt hat. Natürlich ist das Glück, das sie heute empfindet, nicht vergleichbar mit jenem, dass sie mit ihrem geliebten Mann erlebte. »Aber ich spüre, dass es mich auf eine andere Weise glücklich macht, wenn ich merke, dass mich andere brauchen, und ich ihnen helfen kann, sich wohler zu fühlen.«

Bevor wir zusammen auf ihr Leben – und wie sie darin ihr Glück fand – zurückblicken, ist eine persönliche Anmerkung nötig: Heidy ist die Mutter meines Mannes, also meine Schwiegermutter. Ich hatte mir zuvor gut überlegt, ob ich ein realistisches Bild von ihr zeichnen kann. Bei meiner eigenen Mutter wäre mir dies schwerer gefallen, obwohl auch sie eine ideale Kandidatin gewesen wäre. Denn mit Disziplin und Positivität konnte sie dem Leben auch in den schwierigsten Zeiten immer wieder Glücksmomente abringen. Eine Fähigkeit, die sie mit meiner Schwiegermutter gemein hatte. Sie zeigten mir, dass man sich trotz Schicksalsschlägen die Lebensfreude erhalten kann.

Genau wie meine Mutter würde ich Heidy als weibliches »Stehaufmännchen« bezeichnen, das mit einer gewissen Gelassenheit – ohne Verbitterung und Wehleidigkeit, die vielen alten Menschen eigen ist – nach dem Motto lebt: »Was mich nicht umbringt, macht mich stärker.«

Ich habe Heidy erst spät während meiner Beziehung mit ihrem Sohn Hanspeter kennengelernt. Wir waren rund sechs Jahre zusammen, bis mich mein jetziger Mann seinen Eltern vorstellte. Ich bin mir sicher, dass sich vor allem Heidy dies schon viel früher gewünscht hätte. Als es zur ersten »Familienzusammenführung« kam, fand diese quasi auf neutralem Boden statt. An einem Sommertag besuchten wir Heidy und Hans während ihrer Ferien im Tessin. Auch Hanspeters Schwester, ihr Mann und ihre beiden Kinder waren mit von der Partie. Meine anfängliche Nervosität – schließlich war dies für mich ein bedeutender Moment – verflüchtigte sich beim gemeinsamen Mittagessen schnell. Ich wurde von allen sehr herzlich aufgenommen. Während Hans, wie sein Sohn, eher zurückhaltender Natur war, aber den gleichen trockenen Humor wie dieser besaß, mochte ich Heidys offene und kommunikative Art auf Anhieb. Und natürlich spürte ich ihre Neugierde in Bezug auf mich. Und wie sie diese erfolglos zu verstecken versuchte, belustigte mich auch ein bisschen. Denn ich war ja kein Teenie mehr, der bei den Eltern seines ersten Freundes gut Wetter machen will, sondern eine 40-jährige, selbstbewusste Frau.

Nach diesem ersten Treffen sahen wir Hanspeters Eltern in unregelmäßigen Abständen bei Geburts- und Festtagen und immer wieder mal zu einem gemeinsamen Mittag- oder Abendessen. Denn das Essen, und vor allem das Kochen, hat in der Familie einen großen Stellenwert. Während Heidy und ihr Sohn leidenschaftlich gerne kochen, durfte Hans und darf ich heute noch die Resultate genießen.

Dass ich Heidy mit der Zeit doch noch intensiver kennenlernte, hatte einen traurigen Grund: Sieben Jahre nach unserem ersten Treffen starb Hans mit 82 Jahren überraschend schnell nach einer kurzen, schweren Krankheit. Sein Tod war für uns alle ein Schock und für Heidy, die mit ihm über 55 Jahre glücklich verheiratet war, eine Katastrophe. Viele Töchter und Söhne neigen ja dazu, die Ehe ihre Eltern nicht genauer betrachten zu wollen, irgendwie könnte sich da ja so ein kleines Minenfeld auftun, dem man sich nicht nähern möchte. So ist es einfacher, auf die Frage »Sind oder waren deine Eltern eigentlich glücklich zusammen?« zu antworten: »Ja, ich glaube schon.«

Obwohl Hanspeter lange Jahre nicht so eng mit seinen Eltern verbunden war, betonte er mir gegenüber oft, wie gut sich seine Eltern verstünden und sich in vielem ergänzen würden. Und auch ich habe diesen liebevollen – und von Hans' Seite her auch humorvollen – Umgang mit seiner Frau gespürt. Die beiden hatten viele gemeinsame Interessen. Als Großeltern liebten sie ihre beiden Enkel und kümmerten sich regelmäßig um diese, als sie noch klein waren, aber sie pflegten auch einen eigenen Freundeskreis. Die lebhafte Heidy und der zurückhaltende Hans mit seinem verschmitzten Lächeln, der immer einen guten Spruch auf Lager hatte, waren ein tolles Paar. Und sie ermutigten mich auch, was die Zukunft meiner eigenen Beziehung betraf. Ich erinnere mich noch gut daran, wie ich nach einem gemeinsam verbrachten Abend zu Hanspeter sagte: »Für deine Mutter ist Hans einfach das große Glück.« Kein einziges Mal herrschte bei einem gemeinsamen Treffen eine ungute oder gar gehässige Atmosphäre.

Aber erst nach dem plötzlichen Tod von Hans spürte ich, welch tiefe Lücke er im Leben seiner Frau hinterließ. Ja, es hatte im Laufe ihrer 55-jährigen Ehe gesundheitliche Probleme gegeben. Allerdings war es Heidy, die mit Herzproblemen zu kämpfen hatte. Darum musste sie sich vor vielen Jahren, noch bevor ich sie kannte, einer Herz-OP unterziehen. Diese war glücklicherweise gut verlaufen. Aber Hans? Dass er ebenfalls in seinen letzten Lebensjahren schwer erkrankt war – er litt unter Blasenkrebs –, erfuhr ich von Heidy erst nach seinem Tod. Auch diese Zurückhaltung im Umgang mit Krankheiten ist typisch für diese Familie. Da wird weder gejammert noch groß geklagt, die Probleme werden angegangen, natürlich mit der Hoffnung auf einen guten Ausgang. Was im Fall von Hans leider nicht so war. Nachdem er sich zwei Jahre nach der Bestrahlung wieder gut fühlte, kam der Krebs plötzlich zurück. Und dann ging es sehr schnell.

Während der Beerdigung von Hans wirkte Heidy zwar äußerlich gefasst, aber ich spürte, dass sie in einem Schockzustand war und die Realität nicht fassen konnte. Und zum ersten Mal erlebte ich diese sonst so aktive und lebendige Frau zerbrechlich und verwirrt. Eine

Situation, die mich traurig machte. Vor allem auch, weil ich diese spezielle Hilflosigkeit von meiner Mutter kannte, die nach einer langen, glücklichen Ehe als 87-Jährige ihren Mann zu Grabe tragen musste. Und auch der Blick, den mir Heidy immer wieder zuwarf, war mir bekannt: »Was soll ich nur ohne meinen Mann anfangen?«

Nun war oder ist es nicht so, dass Heidy eine dieser unselbstständigen Frauen wäre, die nichts ohne ihre bessere Hälfte unternehmen würden oder keine eigene Meinung haben. Natürlich war Hans, wie bei den meisten Paaren dieser Generation, »der Mann« im Haus. Die beiden lebten in einer gleichberechtigten Beziehung, auch wenn die Rollenverteilung klar war: Heidy war für den Haushalt und die Kinder verantwortlich, Hans brachte das Geld nach Hause. Aber neben diesen familiären Pflichten ging Heidy auch Interessen nach, die sie glücklich machten. So ging sie regelmäßig zur Gymnastik und nahm Englischstunden. Und sie pflegte – mit oder ohne Hans – eigene Freundschaften und familiäre Beziehungen. Und obwohl das Paar seine Kinder und Enkel liebte, waren die beiden sich auch selbst genug. Hans bestärkte seine eher vorsichtige Frau, auch Neues zu wagen.

So lernte Heidy erst im Alter von 50 Jahren Auto fahren. »Ich brauchte wohl 50 Fahrstunden und bin durch die erste praktische Prüfung gefallen«, hatte sie mir schon bei unserem ersten Treffen erzählt. Vielleicht hatte Hans ja auch geahnt, dass er seine Frau eines Tages zurücklassen musste, und wollte ihre Unabhängigkeit stärken. »Mein Mann wollte, dass ich selbstständig bin. So konnte ich ihn, als der Krebs erneut ausbrach, zu den Bestrahlungen ins Krankenhaus fahren. Statt der geplanten 30 wurden es dann allerdings nur sieben. Danach ging es Hans so schlecht, dass er innerhalb kurzer Zeit starb.«

Ich spüre, wie sehr es Heidy mitnimmt, über diese Phase zu sprechen. Aber auch, dass es ihr guttut, darüber zu sprechen. Auch die Gegenwart ihres Sohnes tat ihr nach dem Tod von Hans gut, vielleicht weil dieser mit zunehmendem Alter seinem Vater immer ähnlicher wurde. Und zwar nicht nur äußerlich. Vor allem den trockenen Humor hat Hanspeter mit seinem Vater gemein. In den Wochen und Monaten nach Hans Tod wurde auch meine Beziehung zu Heidy noch enger. Vielleicht weil ich, im Gegensatz zum Rest der Familie, ein sehr emotionaler Mensch bin, der sich nicht scheut, über Gefühle zureden. Dies passierte immer häufiger bei unseren abendlichen Telefongesprächen. Und ich gab mich dann auch nicht mit ihren Äußerungen wie »Ja, es geht schon gut« zufrieden, sondern wollte genauer wissen, wie es um Heidy stand. Ich spürte, dass sie nicht gewohnt war, offen über ihre Gefühle zu sprechen. Sie hatte, wie viele ältere Menschen, gelernt, vieles mit sich selbst auszumachen. Doch eines Abends sagte sie bei einem unserer Telefongespräche: »Es macht mich richtig glücklich, dass ich auf diese Weise mit dir reden kann. Ich hätte das schon früher machen sollen.«

Sonntagnachmittags waren Hanspeter und ich nun oft zu Besuch bei Heidy. Dann saßen wir im Wohnzimmer auf der senffarbenen Couch, aßen leckeren, selbst gebackenen Ananascake und nippten Kaffee aus feinen Porzellantässchen. Die Zeit war in diesem Raum scheinbar stehen geblieben. Doch etwas war anders: Ein großer Sessel blieb leer und machte uns schmerzlich bewusst, wie sehr Hans fehlte. Unsere Gefühle der Trauer waren natürlich nicht vergleichbar mit jenen von Heidy. Nach ersten, schwierigen Monaten, in denen sie mit dem Schicksal haderte, ging es langsam wieder bergauf. Ich bewunderte, wie Heidy mit dem Verlust umging.

Ja, Hans fehlte ihr an allen Ecken und Enden. Das ist etwas, das sich jeder Mensch, der in einer langjährigen glücklichen Beziehung lebt, sicher vorstellen kann, wobei man diesen Gedanken jedoch gerne verdrängt, weil er zu schmerzhaft ist. Aber Heidy schaffte es, aus den vielen schönen Jahren, die sie mit Hans erleben durfte, die Kraft zu ziehen, das Leben nach seinem Tod auf neue Art zu entdecken und so wieder glückliche Momente zu erleben.

Seit fünf Jahren ist meine Schwiegermutter nun in einem Alters- und Pflegeheim, und zwar in der gleichen Kleinstadt, in der sie viele Jahre mit Hans lebte. Und so sitzen wir an einem schönen Frühsommertag in der Cafeteria dieses Heims vor unserem üblichen Kaffee. Aber wir wissen beide, dass die Situation heute eine andere als bei meinen üblichen Besuchen ist. Heidy ist ein bisschen aufgeregt, aber wie ich freut sie sich, ihr Leben noch einmal Revue passieren zu lassen. Ich bin allerdings auch ein wenig besorgt, weil ich keine alten Wunden aufreißen möchte. Doch es wird unumgänglich sein, über Schmerzliches zu sprechen. Als ich Heidy zum ersten Mal gefragt habe, ob sie Lust hätte, sich für dieses Buch porträtieren zu lassen, sagte sie: »Bin ich denn so wichtig, dass man über mich schreiben muss?« Diese Bescheidenheit scheint ein Merkmal dieser Generation zu sein, für die der heutige Drang zur Selbstdarstellung, nicht nur in den sozialen Medien, nicht nachvollziehbar ist. Selbst wenn einige von ihnen durchaus auf Facebook aktiv sind, passiert das nicht, um sich zu profilieren, sondern um mit Familienmitgliedern in Verbindung zu bleiben.

Heidy blüht sichtlich auf, als ich sie frage, wie sie Hans kennengelernt hat. In groben Zügen kannte ich die Geschichte schon vor diesem Gespräch, doch dieser unbefangene Start erleichtert das folgende Gespräch. Und so erinnert sich die alte Dame wie ihr Bruder Walter Hans eines Tages mit nach Hause brachte. Dieser war als junger Mann aus beruflichen Gründen ins Dorf gezogen. Um Anschluss zu finden, trat er dem örtlichen Turnverein bei, wo sich die beiden Männer kennenlernten. Sie mochten sich auf Anhieb. Beide besaßen einen ähnlichen Humor und waren für jeden Spaß zu haben.

War es beim ersten Zusammentreffen mit Hans Liebe auf den ersten Blick? »Nein, nein, das natürlich nicht«, lacht Heidy. Aber »sehr sympathisch« sei ihr der junge Mann schon gewesen. Und die junge Frau hatte Lust, mit Hans auszugehen. Dies geschah oft in Begleitung des Bruders. Besonders gut habe ihr die fröhliche Art von Hans gefallen und »dass wir gut miteinander reden konnten«.

Hans hatte bereits als 15-Jähriger seine Mutter verloren. Und Heidy merkte schnell, dass es für ihn wichtig war, eine liebevolle, verständnisvolle Frau an seiner Seite zu haben. Sie unterstützte Hans dabei, die Beziehung zu seinem Vater zu verbessern. Diese war nach dem frühen Tod der Mutter schwierig geworden, weil man munkelte, der Vater habe ein Verhältnis mit seiner Haushälterin begonnen. Und so hatte Hans das Gefühl, er könne nicht mehr nach Hause gehen. »Aber ich habe ihm gut zugeredet und gesagt: ›Dein Vater brauchte doch nach dem Tod der Mutter auch jemanden.‹« Hans sah das ein, und so verbesserte sich das Verhältnis wieder.

Es vergingen fünf lange Jahre, bis sich das Liebespaar in der Kirche das Ja-Wort geben durfte. Die beiden hatten so lange warten müssen, bis der junge Mann eine gute Stelle mit einem Einkommen hatte, das es ihm möglich machte, eine Familie zu ernähren. Der

Heiratsantrag sei nicht sehr romantisch ausgefallen, erinnert sich Heidy lächelnd. »Er sagte zu mir: ›Jetzt kommt's darauf an, ob du willst oder nicht, ich habe nämlich eine Stelle am Arschloch der Welt angeboten bekommen.‹« Nun ja, es war nicht gerade das Ende der Welt, aber ein Ort direkt an der Landesgrenze, einige Stunden vom gewohnten Umfeld entfernt, den beide zuvor nicht gekannt hatten. Aber es war natürlich keine Frage für Heidy, dass sie ihren Hans begleiten würde: Ihre Antwort habe dann gelautet: »Wo immer du hingehst, komme ich mit dir.« Am 8. März 1952 war es dann so weit. Es sei eine kleine, schöne Feier in Anwesenheit von 20–30 Gästen gewesen, erinnert sich Heidy.

Ganz so einfach fiel Heidy dann der Umzug in die fremde Stadt doch nicht, denn sie war sehr heimatverbunden in einer großen Familie auf einem Bauernhof aufgewachsen, und zwar zusammen mit vier Brüdern und einer Schwester. Als Zweitälteste war sie es gewohnt, überall anzupacken: »Ich half im Haushalt und bei der Betreuung meiner kleineren Geschwister. Die Eltern mussten viel arbeiten, und es war für mich selbstverständlich, ich kannte ja nichts anderes«, sagt sie rückblickend. Heidys Vater war ein Multitalent, der als Landwirt einen Bauernhof mit allen Facetten von der Milchwirtschaft über Getreideanbau bis zur Schweineaufzucht führte. Er konnte alles selbst erledigen, auch Schreinerarbeiten und Schnapsbrennen, und sogar die Körbe flocht er selbst. Und daneben kümmerte er sich als nebenamtlicher Gemeindeverwalter um die Dorffinanzen: Er schrieb zum Beispiel am Abend nach der Arbeit auf dem Hof – von Hand – die Steuerrechnungen für die Mitbürger. Er sei ein strenger, aber liebevoller Vater gewesen, erinnert sich Heidy, und ihre Eltern hätten eine gute Ehe geführt: »Sie hatten nie Streit, nie fiel ein böses Wort. Das hat mich wohl geprägt.«

Ein knappes Jahr nach der Hochzeit wurden Heidy und Hans die Eltern von Myrtha. Diese trägt ihren Namen als Erinnerung an Heidys beste Freundin, die sehr früh an einer schweren Krankheit gestorben war. Eineinhalb Jahre später kam Hanspeter auf die Welt. Inzwischen war die kleine Familie in eine große Stadt gezogen, wo Hans eine neue berufliche Aufgabe gefunden hatte. Heidy musste sich an ihr neues Leben gewöhnen. »Zwar ging ich in meiner Mutterrolle auf, aber es bereitete mir Probleme, dass ich keinen wirklichen Beruf hatte erlernen können, weil ich auf dem Hof mithelfen musste.« Doch auch hier zeigte sich ihr Wille, aus jeder Situation das Beste zu machen. Sie fand ihr Glück in der Rolle als Ehefrau und Mutter und begann, sich zunehmend in der Nachbarschaft zu engagieren. Eine große Liebe war stets das Kochen und Backen, eine Leidenschaft, die sie an ihren Sohn vererbt hat, der seiner Mutter schon früh gerne beim Kochen half. Hans war als Handelsreisender oft beruflich unterwegs. »In der Zeit aber, in der er zu Hause war, hat er viel mit den Kindern unternommen. Er war ein lieber und sensibler Vater, der seine Kinder über alles liebte.« Heidy muss die aufsteigenden Tränen herunterschlucken, und auch in meiner Kehle brennt es. »Ich wusste immer, dass die Liebe zu meinem Mann für einen großen Teil meines Glücks verantwortlich war, aber wie wichtig er wirklich war, spürte ich erst so richtig, als er nicht mehr da war.« Heidy nimmt meine Hand und schaut mich liebevoll an: »Denke daran, dass du deinen Liebsten immer wieder sagst, wie sehr du sie liebst und wie glücklich sie dich machen, selbst wenn es nicht immer rund im Leben läuft.«

Wie entwickelte sich Heidys Leben, nachdem sie sich von ihrem Verlust ein bisschen erholt hatte? Sie nahm viele ihrer alten Aktivitäten wieder auf. Sie begann wieder vermehrt zu kochen und zu backen und nahm Anteil am Leben ihrer Familie. Natürlich spürte man bei jedem Besuch, wie sehr ihr Hans fehlte. Aber nie hörte ich sie jammern oder klagen. Sicher hat es auch geholfen, dass wir viel über Hans und gemeinsame Erlebnisse sprachen, dann lebte Heidy spürbar auf. Und da viele der Erinnerungen sehr positiv gefärbt sind, fiel es uns allen leicht, über Vergangenes zu sprechen. Oft sagte sie: »Die vielen glücklichen Jahre, die ich mit meinem Mann verbringen durfte, haben mir die Kraft gegeben, das Leben ohne ihn zu meistern.«

Der Umzug ins Alters- und Pflegeheim war ein weiterer schwieriger Schritt für meine Schwiegermutter. Dieser machte ihr ursprünglich schwer zu schaffen, insbesondere weil sie Angst hatte, ihre Selbstständigkeit aufgeben zu müssen. Doch es dauerte nicht lange, und Heidy hatte sich sehr gut eingelebt. Nach verschiedenen Stürzen in der alten Wohnung war ihr klar geworden, dass es viel zu gefährlich gewesen wäre, noch länger allein zu leben. Und realistisch wie Heidy ist, wollte sie nicht, dass ihre Kinder in Sorge leben mussten, dass ein weiterer Unfall passieren könnte, der weniger glimpflich verlief als die ersten.

Heidys neues Zuhause war jetzt ein einziges Zimmer. Von vielen lieb gewonnenen Dingen hatte sie beim Umzug Abschied genommen. Auch dies fiel ihr verständlicherweise nicht leicht. Aber einmal mehr verfiel sie nicht in Selbstmitleid. Und sie begann, sich im Bereich ihrer Möglichkeiten aktiv zu betätigen. Obwohl sie wegen ihres starken Schwindelgefühls inzwischen einen Rollator braucht, ist der Alltag der 90-jährigen Dame an vielen Wochentagen durchorganisiert. Und zwar mit regelmäßigen, kleinen Beschäftigungen. So trainiert sie auf einem Fitnessrad ihre Beinmuskeln. Sie besucht das Gedächtnistraining, »weil es mir hilft, damit mein Gehirn nicht vollständig einrostet«. Und sie ist die treibende Kraft, wenn es darum geht, einen Schwatz mit anderen Bewohnerinnen ins Leben zu rufen. Sie versucht, Mitbewohnerinnen und Mitbewohner, die nicht mehr so fit sind oder sich dem Nichtstun ergeben haben, zu aktivieren. Denn wenn Heidy etwas nicht akzeptieren kann, ist es, wenn sich jemand ihrer Meinung nach gehen lässt. Da hilft es dann auch nicht, wenn man ihr zu erklären versucht, dass manche alte Menschen vielleicht nicht mehr fähig sind, diese Disziplin aufzubringen. Auch äußerlich lässt sich Heidy nicht gehen. Einmal wöchentlich lässt sie sich von der hausinternen Friseurin ihre immer noch schönen weißen Haare in Wellen legen. Und auch Maniküre und Pediküre stehen regelmäßig auf dem Programm.

Weil die Stimmung bei unserem Gespräch heiter ist, wage ich es, das schwierige Thema von Hans' Krankheit und seinem Tod anzusprechen. Ein Tod, der für mich als Außenstehende überraschend kam. »Es ist nicht so, dass Hans nicht krank gewesen wäre. Schon zwei Jahre vor seinem Tod litt er unter Blasenkrebs«, sagt Heidy mit fester Stimme. »Aber nach einer Operation ging es ihm wieder gut, und er galt als geheilt.« Umso größer war der Schock, als der Krebs erneut diagnostiziert wurde. Diesmal sah es schlechter aus als beim ersten Ausbruch der Krankheit. Hans begann mit einer weiteren Bestrahlungstherapie. Doch nach dem siebten Mal ging es ihm plötzlich schlechter, »und dann starb er einfach«.

Wir schweigen beide. Ich frage auch nicht, warum Hanspeter und ich nicht darüber informiert worden waren, wie ernst es um Hans stand. Als mein Mann damals ins Krankenhaus kam – nachdem er den Anruf bekommen hatte, dass es seinem Vater schlecht gehe –, war es bereits zu spät. Es passt zu Hans, dass er möglichst diskret mit der Krankheit umgehen wollte. Auch für Heidy war es eine sehr schwierige Zeit, obwohl sie alles daransetzte, um Hans das Leben zu erleichtern. »Die Krankheit machte ihn empfindlich«, erinnert sich Heidy. Bevor er nach der ersten Operation mit einem künstlichen Blasenausgang aus dem Krankenhaus heimkam, fragte der Arzt, ob er zu Hause fachliche Hilfe bei der Reinigung des Katheters brauchen würde. »Doch Hans sagte nur einen Satz: ›Das macht meine Frau.‹ Ich war außerhalb des Krankenhauses die Einzige, die das machen durfte. Eine Betreuung durch eine fremde Person wäre für ihn nie infrage gekommen. Hans hatte halt seinen Stolz.« Ich verstehe sehr gut, worüber Heidy spricht. Auch diese Eigenschaft hat Hans seinem Sohn vererbt.

Natürlich ist der Radius der ehemals so aktiven Frau inzwischen eingeschränkt. Es fällt ihr nicht immer leicht, dies zu akzeptieren. Jeder Gang ins nahe Städtchen, egal ob ein Termin beim Ohrenarzt oder beim Optiker, muss geplant und organisiert werden. Aber die alte Dame ist glücklich, dass sie in diesen Momenten meistens von ihrer Tochter Myrtha begleitet wird, die sich nach dem Tod ihres Vaters liebevoll um ihre Mutter kümmert. Und wenn Heidy hin und wieder »in eine dunkle Phase« fällt, wie sie diese nennt, erinnert sie sich an ihr persönliches Mantra: »Es ist mir gelungen, die Vergangenheit, die ich nicht ändern kann, zu akzeptieren und mich heute an den Dingen, die immer noch möglich sind, zu erfreuen.« Ein weiteres Glücksrezept: »Der Geist muss wach bleiben und etwas zu tun haben«, ist sie überzeugt. Dazu gehören die tägliche Zeitungslektüre sowie der telefonische Austausch mit Freundinnen und Familienmitgliedern. Wenn sie zwischendurch von großer Müdigkeit befallen wird, legt sie sich aufs

Bett und versucht, dadurch wieder etwas zu Kräften zu kommen. Dies gelingt ihr auch immer wieder.

Heidy konnte sich auch die Fähigkeit erhalten, Freude zu empfinden und diese zu zeigen. Dies passiert oft dann, wenn sie Besuch bekommt. Dass sich liebe Menschen regelmäßig um sie kümmern und sie gernhaben, ist für sie keine Selbstverständlichkeit. Und nie würde Heidy ihre Umwelt unter emotionalen Druck setzen, falls man es trotz Verabredung einmal nicht schafft.

Meine Schwiegermutter beweist immer wieder, wie man auch unter widrigen Umständen ein sinnvolles Leben führen kann. Das Sterben mache ihr keine Angst, sagt sie, als ich sie darauf anspreche. Sie hoffe, obwohl sie nicht sonderlich religiös ist, dass sie nach ihrem Ableben ihren lieben Mann wieder treffen wird. In welcher Form auch immer. Und auch ich glaube dies an diesem schönen, gemeinsam verbrachten Nachmittag.

Kurz nach dem Tod von Hans gab es Zeiten, in denen Heidy hoffte, ebenfalls sterben zu dürfen, so sehr vermisste sie ihn. Aber mit der Zeit erwachte ihr Lebenswille wieder. Ein Lebenskreis, der sich zum Glück für uns alle noch nicht geschlossen hat.

Heidys Glücksrezepte

»Ich hatte das Glück, 55 Jahre lang mit meiner großen Liebe verheiratet zu sein. Und dadurch habe ich auch heute die Kraft, ohne Hans zu leben. Ich rate allen Menschen, die ihre Partner ebenso lieben wie ich, sagt es ihnen immer wieder.«

***

»Auch wenn meine Kinder und meine Enkel immer sehr wichtig waren für mich und meinen Mann, so war es auch wichtig, dass wir uns als Paar nie im turbulenten Alltag verloren haben. Und immer wieder Dinge nur für uns gemacht haben.«

***

»Schon mein ganzes Leben kümmere ich mich gerne um andere, denen es nicht gut geht. Früher waren das meine kleineren Geschwister, heute sind es meine Kolleginnen und Kollegen im Altersheim. Das gibt mir das Gefühl, gebraucht zu werden.«

***

»Ich freue mich über all die Dinge, die mir heute noch möglich sind. Ich war mein Leben lang geistig und körperlich beweglich, und genau dies hilft mir heute, das Leben zu meistern.«

Der Disziplinierte:

Bruno, 80

*»Glück bedeutet für mich Leistung.
Und heute auch Liebe.«*

Dass Glück fast ausschließlich etwas mit Leistung zu tun haben kann – das habe ich nie so gesehen. Bis ich Bruno kennenlernte. Klar, dass Erfolg zu haben dazu beitragen kann, einen glücklicher zu machen, das konnte ich durchaus nachvollziehen. Aber dass man für sein Glück lange und hart arbeiten muss? Früher bedeutete das für Bruno in erster Linie, dank disziplinierter Leistung sowohl im Beruf als auch im Sport erfolgreich zu sein. Dabei war er keineswegs einer, der nichts anderes tat, als verbissen dem Erfolg nachzurennen. Bei aller Disziplin war er auch schon in jüngeren Jahren durchaus ein lebenslustiger Genießer. Erst im reifen Alter erlebte Bruno allerdings, dass das Glück einem auch zufallen kann, und zwar ohne dass es mit Disziplin und Leistung erkämpft werden muss. Doch dazu später.

Zum ersten Mal treffe ich Bruno in der eleganten und rege besuchten Lounge eines internationalen Fünfsternehotels. Ein perfekter Rahmen für dieses Treffen. Obwohl ich ihn davor nur am Telefon »kennengelernt« habe, erkenne ich mein »Blind Date« auf Anhieb. Es gibt nur einen älteren Herrn, auf den die Beschreibung »distinguierter Gentleman« passt. So war mir der 80-Jährige durch eine gemeinsame Freundin nämlich beschrieben worden. Lässig, aber nicht nachlässig, sitzt er an einem kleinen Tisch in der Mitte des Raums. Und strahlt dabei ein beeindruckendes Selbstbewusstsein aus. Beim Näherkommen verrät mir seine etwas angespannte Körperhaltung allerdings, dass er doch nicht so locker ist, wie es zunächst schien. Ich hoffe, dass ich ihn nicht verärgert habe, da ich zehn Minuten zu spät komme. Vielleicht gehört mein Interviewpartner ja zu jenen Menschen, die es nicht gewohnt sind, dass man sie warten lässt. Aber zum Glück ist es nicht so. Nach der Begrüßung und meiner Entschuldigung für die Verspätung lacht er nur und sagt: »Ich habe Zeit!« Seine unterschwellige Nervosität habe damit zu tun, dass er etwas unsicher sei, ob er denn auch »der Richtige« sei, um mit mir über das Thema Glück zu sprechen. Erst als ich ihm versichere, dass es sich zunächst um ein unverbindliches Vorgespräch zum Kennenlernen handle, spüre ich, dass er sich sichtlich entspannt. Während er für mich beim Kellner einen Espresso bestellt, nutze ich die Zeit, um ihn unauffällig zu mustern.

Würde hier und heute ein Casting für die Rolle eines Grandseigneurs in einem Film stattfinden, Bruno wäre der Favorit. Seine langen, schlanken Beine, die in einer sportlich-elegant geschnittenen Hose stecken, hat er übereinandergeschlagen. Dank des bunten Einstecktuches in der Brusttasche seines dunkelblauen Blazers wirkt er zwar seriös, aber alles andere als steif. Der gebräunte Teint, der in attraktivem Gegensatz zu seinen dichten weißen Haaren und den hellblauen Augen steht, zeugt davon, dass sich mein Interviewpartner regelmäßig im Freien sportlich betätigt. Am augenfälligsten in seinem scharf geschnittenen Gesicht sind seine kräftigen schneeweißen Zähne, die zeigen, dass er viel Wert auf die Pflege seines Gebisses legt – nicht überraschend für einen ehemaligen Zahnarzt.

Natürlich kannte ich schon vor diesem Treffen ein paar Eckpunkte in der Biografie meines Gegenübers, die auch der Grund waren, dass ich um dieses Gespräch gebeten hatte. Denn was ich bereits über sein bewegtes Leben wusste, würde, da war ich mir sicher, interessanten Stoff für das Thema dieses Buches bieten.

Und dies wusste ich über Bruno: gut situierter ehemaliger Zahnarzt. Ex-Tennisspieler mit internationalen Erfolgen. Sportlich immer noch aktiv. Zwei erwachsene Kinder aus erster Ehe. Vierfacher

Opa. Wohnt an attraktiver Lage außerhalb der City im Grünen. Ein zur Ruhe gekommener Lebemann, der den Genüssen des Lebens nie abgeneigt war und es noch immer nicht ist.

Mit dieser Beschreibung seiner Person wäre Bruno bei einer Partnervermittlung sicher heiß begehrt, sogar bei jüngeren Damen. Diese sollten sich allerdings an dieser Stelle keine Hoffnungen machen. Denn der attraktive 80-Jährige ist schon seit längerer Zeit nicht mehr »auf dem Markt«. Um genau zu sein, seit er vor elf Jahren seine dritte Frau Susanne heiratete. Die attraktive und ebenfalls sehr sportliche Brünette ist 18 Jahre jünger als er.

Überraschend schnell und offen beginnt Bruno, Details aus seinem Leben zu erzählen. Wie viele Männer seiner Generation spricht er zuerst über seinen Beruf und vor allem über seine sportlichen Erfolge als Tennisspieler. Auf diese ist er zu Recht stolz, war er doch in seinen Zwanzigern ein Spitzenspieler, der internationale Erfolge feiern konnte.

Die Liebe zum Tennis zeigte sich bei Bruno bereits früh. Als Achtjähriger war er in seiner Freizeit Balljunge im örtlichen Tennisclub. Zwei Jahre später spielte er selbst bereits so gut, dass er ein sogenanntes Ballboy-Turnier gewann. Nachdem er seinen gewonnenen Preis, zehn Tennisstunden bei einem Profi, eingelöst hatte, zeichneten sich zwei Dinge ab: erstens das Talent des jungen Spielers und zweitens sein Ehrgeiz, es im Tennis noch weit bringen zu wollen. Und dieser Ehrgeiz sei, wie Bruno schelmisch lächelnd sagt, »durchaus auch heute noch vorhanden«. Allerdings nicht mehr beim Tennisspiel, das er zwar ab und an noch ausübt, sondern auf dem Golfplatz, auf dem Bruno fast jeden Nachmittag anzutreffen ist. Am liebsten in Begleitung seiner Frau Susanne, die selbst eine erstklassige Golferin ist. Natürlich spiele er nicht nur aus reinem Vergnügen: »Der Wettbewerb ist mir heute noch wichtig, das Spiel muss immer eine Herausforderung sein und einen kleinen Gewinn beinhalten. Wir haben im Club eine kleine ›Zockergruppe‹ von Freunden«, sagt er lachend, während sich um seine Augen Hunderte kleiner Fältchen bilden.

Bruno wuchs, zusammen mit seiner um vier Jahre älteren Schwester, in einem gutbürgerlichen Zuhause auf. Mit einem »lieben Vater« und einer »starken Mutter«, die er über alles liebte. Sportliche Aktivitäten waren wichtig: Gemeinsame Fahrradtouren, Ski fahren und Wandern gehörten zum Familienalltag. Doch das Wichtigste war für Bruno immer das Tennisspielen, für das er seine ganze Freizeit opferte. Wie aber standen seine Eltern zu diesem doch recht ungewöhnlichen Ehrgeiz eines Heranwachsenden, der seine Freizeit lieber auf dem Tennisplatz verbrachte als irgendwo sonst? »Stimmten meine schulischen Leistungen, und ich war ein sehr guter Schüler, gab es keine Diskussionen.« Die Eltern zeigten durchaus Freude am sportlichen Ehrgeiz des Sohnes. »Meine guten Schulnoten waren für sie selbstverständlich, gelobt wurde ich in erster Linie, wenn ich beim Tennisspielen siegte«, erinnert sich Bruno. »Das ging so weit, dass, wenn ich beispielsweise eine Bestnote in Mathematik nach Hause brachte, der Vater höchstens kurz von seiner Zeitung aufsah. Siegte ich bei einem Tennismatch, herrschte zu Hause Hochstimmung.« Auch die Mutter reagierte auf ihre ganz typische Weise: »Spielte ich gut, war sie die liebste Mutter, spielte ich schlecht, konnte sie echt sauer sein.«

Natürlich könnte man jetzt vermuten, dass Bruno mit seinen Erfolgen vor allem seine Eltern glücklich machen wollte, genauer gesagt seine Mutter. Denn diese »zielstrebige Frau«, wie Bruno sie beschreibt, konnte sich in ihrem ehrgeizigen Sohn durchaus wiedererkennen. »In einer Bauernfamilie mit acht Geschwistern aufgewachsen, lebte sie mir vor, dass das eigene Glück mit Leistung und Disziplin erarbeitet werden muss«, sagt Bruno. Während der Vater nicht besonders ehrgeizig gewesen sei – er arbeitete fast fünfzig Jahre als Angestellter bei der gleichen Bank –, strebte die Mutter stets nach einem besseren Leben. Im Wissen, dass man dieses nicht geschenkt bekommt.

Natürlich sei es ihm wichtig gewesen, vor allem der Mutter zu gefallen, sagt Bruno rückblickend. Aber die Eltern hätten nie Druck auf ihn ausgeübt, ihn angetrieben oder ihn besonders gefördert. »Dieser Ehrgeiz, verbunden mit einem starken Willen und ebensolcher Disziplin, war und ist immer noch ein Teil von mir.« Doch er habe immer versucht, dieses Streben auf »faire Weise« auszuleben. Dass er in einer Gruppe von Jugendlichen schnell zum Leader avancierte, sei ihm nie wirklich bewusst gewesen. Was ihm ein Sieg im Tennis allerdings bedeutete, war ihm schon früh klar: pures Glück! Es sei ihm dabei jedoch weniger darum gegangen, über einen Verlierer zu triumphieren: »Viel wichtiger war mir der Sieg, den ich über mich selbst erlangte, indem ich Widerstände überwand.«

Bruno war schon früh ein klassischer Winner-Typ. »Ich stand im Sport und später auch in meinem Beruf als Zahnarzt auf der Sonnenseite des Lebens. Das führte manchmal dazu, dass ich rechthaberisch war. Dass ich das Gefühl hatte, ich könne und wisse alles«, sagt er rückblickend. »Aber warum hätte ich mich damals auch infrage stellen sollen? Erst nach einigen Tiefschlägen im Beziehungsleben und als ich dadurch auch reifer wurde, bin ich anderen gegenüber milder und toleranter geworden.«

Im Jahr 1962, Bruno war gerade 24 Jahre alt, war er auf dem Höhepunkt seines sportlichen Tenniserfolgs angelangt. Er spielte für die Schweiz im Daviscup, dem traditionsreichen internationalen Mannschaftswettbewerb. »Gegner waren die starken Spieler aus Südafrika«, sagt er mit einem stolzen Lächeln. Wenig später legte er erfolgreich sein Staatsexamen als Zahnarzt ab. »Ich hatte, neben dem Willen zu reüssieren, auch die Energie, alles zu schaffen, was ich mir vorgenommen hatte«, reflektiert Bruno diese Zeit. Nur vier Jahre später eröffnete er in bester Lage seine Zahnarztpraxis und heiratete seine erste Frau. Zwei Kinder kamen auf die Welt, die er »über alles liebte«.

Doch Bruno entdeckte in dieser Zeit auch, dass das Leben nicht nur aus sportlichen und beruflichen Erfolgen und einem harmonischen Familienleben bestand, sondern dass es durchaus auch süße Seiten zu bieten hatte. Die Jahre, die dann folgten, bezeichnet er heute als »die klassische Partyzeit der 1960er-Jahre«. Von der Jugendrebellion, die in dieser Zeit in den internationalen Metropolen für Unruhen sorgte, habe er wenig mitbekommen. »Das ging alles an mir vorbei«, sagt er fast entschuldigend. »Wir lebten in unserem eigenen Kosmos.« Gemeinsam mit seiner Frau, aber auch mit Freunden und Kollegen genoss er das Leben in vollen Zügen. »Am Tag war ich der aufstrebende Zahnarzt, nach der Arbeit ging es auf den Tennisplatz und nach dem Match folgte das gemeinsame Nachtessen mit den Kindern. Oft fuhr man danach gemeinsam in die Stadt und feierte.« Und natürlich machte der gut aussehende junge Zahnarzt auch hier und da eine weibliche Eroberung. »Nie etwas Ernstes«, betont er. »Es waren halt die wilden 1960er, und wir wollten neue Freiheiten genießen. Nach den Partys, bei denen zur neuesten Musik getanzt wurde, beendeten wir die Nacht in der Club-Bar des edelsten Hotels der Stadt.«

Da Bruno ein pflichtbewusster und ehrgeiziger Mann war und ist, litt seine berufliche Tätigkeit nicht unter diesem Highlife. Wie immer auch die Nacht verlaufen war, morgens stand er gut gelaunt in seiner prosperierenden Praxis. »Eine Selbstverständlichkeit, denn nie hätte ich es zugelassen, dass meine berufliche Leistung unter meinem Partyleben gelitten hätte.«

Doch dann erlebte der Erfolgsverwöhnte seine erste, äußerst schmerzliche Niederlage. Und diese fand nicht auf dem Tennisplatz, sondern in den eigenen vier Wänden statt. Seine Frau hatte sich in einen anderen Mann verliebt, und zwar ernsthaft. Hatte seine damalige Frau nichts von seinen außerehelichen Vergnügungen gemerkt? Bruno schmunzelt vielsagend, sagt aber nur: »Sie hatte sich einfach in einen anderen Mann verliebt und wollte die Scheidung.«

So einfach, wie das in der Rückschau klingen mag, war die Situation für den Erfolgsgewöhnten nicht. Der alte Herr beschönigt diese für ihn so schmerzliche Zeit nicht. »Für mich brach eine Welt auseinander«, erinnert er sich, und sein Lächeln weicht für einen Moment einem ernsten und beinahe traurigen Ausdruck. Aber natürlich wäre Bruno nicht Bruno gewesen, hätte er die Tatsache, dass sich seine Frau für einen anderen entschieden hatte, einfach akzeptiert. »Ich habe mich wie ein Wahnsinniger um sie bemüht, schenkte ihr rote Rosen und warb noch einmal um sie wie am Anfang unserer Beziehung«, sagt er mit so viel Überzeugung in seiner Stimme, als könnte er auch heute noch nicht so richtig verstehen, dass sich seine Frau gegen ihn entschieden hatte.

Und überhaupt, seine Vergnügungen mit anderen Frauen seien doch immer nur oberflächlich gewesen und hätten mit dem damaligen Lifestyle zu tun gehabt.»Ich hätte meine damalige Frau von mir aus nie verlassen. Und dies nicht wegen allfälliger gesellschaftlicher Konventionen. Ich hätte nie ein neues Glück auf dem Unglück meiner Frau aufbauen können«, sagt er treuherzig.

Doch dieses Mal blieb dem Winner der Sieg verwehrt. Seine Frau ließ sich nicht umstimmen. Und so musste der 38-jährige Vater zweier Kinder, die sieben- und neunjährig waren, die bittere Erfahrung machen, dass wohl berufliche und sportliche Erfolge mit Disziplin und eisernem Willen erzwungen werden können, es aber nicht möglich war, das erkaltete Herz seiner Frau wieder zu erwärmen.»Das Gefühl, nicht nur meine Frau, sondern auch meine Kinder verloren zu haben, war viel schmerzvoller als jede sportliche Niederlage«, sagt Bruno mit belegter Stimme. Und ich spüre, dass ihn die Tatsache, dass er seine erste Ehe nicht retten konnte, geprägt hat.

Doch Bruno ist auch privat ein Sportsmann. Und er wusste, wann er verloren hatte. Dies zeigte sich auch während und nach der Scheidung von seiner Frau. Er gestand sich ein, die Ehe »irgendwie versiebt« zu haben, und auch, dass der neue Mann an der Seite seiner Ex-Frau eigentlich »ein guter Typ« sei. Dass diese Trennung am Ende doch noch gut ausging, zeigt sich darin, dass seine erste Frau zu seinem 80. Geburtstag eingeladen war. Und auch die Beziehung zu seinen beiden Kindern blieb außerordentlich gut. Sein Sohn, der ebenfalls Zahnarzt wurde, übernahm die Praxis seines Vaters; die Tochter wurde Ärztin.»Sie haben ihren Weg gemacht«, sagt Bruno sichtlich glücklich und stolz.»Meine Kinder haben durch mich erlebt, dass das Glück durchaus machbar ist. Man muss einfach etwas dafür leisten.«

Das prägende Ereignis dieses Liebeskummers führte jedoch nicht dazu, dass Bruno sein lockeres Leben aufgegeben hätte. Im Gegenteil. »Es gab auch keinen Grund dazu, ich war ja jetzt wieder Single«, meint er spitzbübisch lächelnd. Das Verhältnis zu seiner Ex-Frau war gut, er liebte seine beiden Kinder, die er auch regelmäßig sah. Und so blieben das Tennisspiel, die Zahnarztpraxis und natürlich die Partys feste Größen in seinem Leben.

Dann lernte Bruno seine zweite Frau kennen. Schon nach wenigen Sätzen wird klar, dass diese Beziehung nicht den gleichen Stellenwert hat wie jene zu seiner ersten Frau. »Meine zweite Frau war sehr attraktiv. Und natürlich schmeichelte das meinem etwas angeschlagenen Selbstbewusstsein«, sagt Bruno mit einer gewissen Selbstironie. Dabei habe die erste Begegnung mit seiner Zukünftigen »keine weiteren Spuren hinterlassen. Ich hatte sie nach unserer gemeinsamen Partynacht bereits am nächsten Tag vergessen.« Anders seine neue Eroberung, die genau wusste, was sie wollte: nämlich ihn. »Und wie wir Männer halt so sind, erlag ich ihren cleveren Verführungskünsten. Fünf Jahre nach der Scheidung heiratete ich ein zweites Mal.« Auch wenn Bruno, wenngleich spielerisch, den Eindruck erwecken könnte, er sei vielleicht ein Opfer der Frauen gewesen, ist dem Ex-Zahnarzt mit dem ihm eigenen Scharfblick durchaus klar: »Natürlich war auch diese Beziehung keine Einbahnstraße, und ich habe meinen Teil dazu beigetragen, dass sie nicht so verlief, wie ich es am Anfang gehofft hatte.«

Trotzdem blieb das Paar, das selbst keine Kinder hatte, 20 Jahre verheiratet. »Meine damalige Frau führte an meiner Seite ein schönes Leben.« Außerdem sei sie »eine ausgezeichnete Köchin« gewesen. Viel mehr will er über diese Jahre nicht erzählen. Wollte er mit seiner zweiten Ehe sein Ego aufpolieren? Natürlich habe es ihm gefallen, eine so gut aussehende Frau an seiner Seite zu haben, aber mit dem Aufpolieren seines männlichen Egos hätte das nichts zu tun gehabt. Von außen gesehen habe die Beziehung durchaus intakt gewirkt. Doch der Alltag sei ein anderer gewesen. Schnell tauchten Schwierigkeiten auf. Doch auch da zeigt sich Brunos Fähigkeit, Fehler durchaus bei sich selbst zu suchen. Es folgte, was kommen musste: die zweite Scheidung, die ihn, im Gegensatz zur ersten, finanziell teuer zu stehen kam. In dieser Zeit bekam Bruno noch einmal die Chance auf eine große Liebe. Er verliebte sich in die 18 Jahre jüngere Susanne. Und dieses Mal, so sagt er, »war es die wahre Liebe«. Die er auf keinen Fall aufs Spiel setzen wollte. Und in diesem Fall zeigt Bruno eine andere Facette seines Wesens. Ja, er betont zwar immer wieder, wie eng in seinem Leben Leistung und Erfolg mit Glück verbunden sind, aber wenn er von seiner »geliebten Susanne« spricht, wird klar, wie wichtig sie heute für sein Glück ist.

Natürlich bin ich neugierig, zu erfahren, welche Frau es geschafft hat, Bruno zu zähmen. Und da er sich bei unserem Gespräch wohlgefühlt hat, lädt er mich zu sich nach Hause ein, damit ich Susanne kennenlernen kann. Auch ich habe die Gesellschaft dieses spannenden Mannes genossen. Er ist ein guter Erzähler mit einem erfrischenden Hang zur Selbstironie, und besonders berührte mich seine Fähigkeit, gegenüber einer fremden Person wie mir nicht nur über seine Erfolge und sein Glück, sondern auch über persönliche Rückschläge zu sprechen. Bei einem Mann seines Alters und mit einer Lebensgeschichte, die zwar von außen gesehen mit vielen Erfolgen verbunden war, aber durchaus Schmerzliches beinhaltete, schien mir das keine Selbstverständlichkeit.

Als mir Susanne wenig später die Tür zur gemeinsamen, geschmackvoll eingerichteten Wohnung mit einem großzügigen Garten öffnet, wundere ich mich nicht, dass sie Brunos Herz erobert hat. Die 62-Jährige sieht nicht nur fantastisch aus, ihre natürliche und, wie ich später feststelle, auch herzliche Art machen es mir leicht, sie auf Anhieb zu mögen. Außerordentlich liebevoll wirkt das Paar, wenn es kurze Blicke und gegenseitige Liebesbekundungen austauscht. »Ich würde mich immer wieder in ihn verlieben«, sagt Susanne, die sich beim Gespräch mit Bruno im Hintergrund hält. »Sie hat mich eben ausgesucht«, lächelt Bruno und wirft Susanne einen bewundernden Blick zu. Wieder muss ich innerlich schmunzeln. War Bruno einmal mehr der weiblichen Verführungskunst erlegen, der sich zu erwehren er scheinbar unfähig ist? Falls dies so sein sollte, was ich jedoch ein bisschen bezweifle: Schaden hat er dabei sichtlich nicht genommen. »Susanne ist das Beste, was mir passieren konnte. Sie ist mein Glück!« Ihn zu fragen, ob er jetzt zum treuen Ehemann mutiert sei, ist unnötig. Die Liebe, die die beiden verbindet, ist in jedem Blick und in jeder Geste spürbar. Der Altersunterschied der beiden ist ebenso kein Thema. Und es zeigt sich einmal mehr: Irgendwann wird jeder ewige Junge erwachsen. Spätestens dann, wenn er die Erfahrung echter und tiefer Liebe macht, diese auch erkennt und pflegt.

Doch Bruno gibt auch zu, dass seine Kinder damals nicht so richtig ans neue Glück glauben wollten, als er ihnen sagte, dass er zum dritten Mal heiraten wolle. »›Spinnst du?‹, fragten sie, als ich ihnen von meinen Absichten erzählte.« Doch Bruno hörte auf sein Herz und machte Nägel mit Köpfen. »Nachdem meine Kinder Susanne kennengelernt hatten, konnten sie mich verstehen.« Heute sei die Familie »ein gutes Team«, sagt er sichtlich zufrieden.

Dass auch der liebende Bruno der alte Kämpfer geblieben ist, zeigt sich nicht nur bei seinen sportlichen Aktivitäten wie dem Skifahren oder Golfspielen, sondern auch bei ernsten Themen, etwa wenn er über Krankheiten spricht. Vor einiger Zeit war er quasi über Nacht sterbenskrank geworden. Aus einer kleinen Entzündung entwickelte sich innerhalb kürzester Zeit eine Sepsis. Nachdem die Blutvergiftung überstanden war, musste Bruno vier Wochen im Krankenhaus und danach drei weitere Wochen in der Reha bleiben. »Susanne hat wunderbar nach mir geschaut, ohne ihre Unterstützung wäre ich durchgedreht«, sagt er mit zärtlicher Stimme in Richtung seiner Frau. Und, typisch für Bruno, er spricht nicht über seine Ängste in dieser schweren Zeit, sondern sagt nur trocken: »Diese Tage des Nichtstuns haben mich beinahe wahnsinnig gemacht.« Zu jammern, sich zu bemitleiden oder sich gar gehen zu lassen, sei für ihn nie infrage gekommen. »Sobald es mir wieder einigermaßen gut ging, fing ich mit einem täglichen Trainingsprogramm an.« Dieses habe es ihm auch ermöglicht, dass er bald wieder sportlich aktiv sein konnte. »Dass ich meine Leistung noch erbringen kann, wenn auch nicht mehr in gleichem Maß wie früher, ist für mich lebenswichtig und die Grundlage für mein Glück.«

Ist die Tatsache, dass seine Lebenszeit langsam ausläuft, ein Problem für den 80-Jährigen? »Natürlich hoffe ich noch auf viele gesunde und glückliche Jahre mit Susanne. Doch wenn ich beispielsweise schwer krank würde, wenn bei mir eine Demenzerkrankung im Frühstadium diagnostiziert würde, dann nähme ich mein Schicksal selbst in die Hand.«

Was heißt das konkret? »Ich würde aufhören, zu essen«, sagt Bruno. Da er zu den Menschen gehöre, die praktisch nie Hunger oder

Durst verspüren, würde das funktionieren. Auch seine Mutter sei auf diese Weise gestorben. Auch lehne er jegliche Form von lebensverlängernden Maßnahmen ab. Das sei mit Susanne und seinen Kindern so besprochen und würde von ihnen akzeptiert. »Ich will niemandem zur Last fallen. Am wenigstens meiner Frau«, sagt Bruno bestimmt. Bei einem Altersunterschied von 18 Jahren müsse man über solche Themen offen sprechen. Herr über sein eigenes Leben zu bleiben, auch in dieser Situation, ist für Bruno eine Form von Glück. Und irgendwie kann ich diese Einstellung nachvollziehen, nachdem ich Bruno besser kennengelernt habe. Ja, auch er hat teilweise auf die harte Tour erleben müssen, dass Liebe und Gesundheit nicht immer erzwungen werden können. Aber einige der für ihn lebenswichtigen Dinge will er – und dies im wahrsten Sinne des Wortes – in seinen eigenen Händen behalten. Insbesondere dass er sein Leben im Falle einer unheilbaren Krankheit nicht künstlich verlängern lassen will.

Obwohl ich ahne, was die Antwort auf meine Frage sein wird, stelle ich sie: Glaubst du an ein Leben nach dem Tod? Bruno lacht kurz auf. »Nein, das tue ich nicht. Mit dem Tod ist alles zu Ende.« Er sei zwar erzkatholisch erzogen worden, und bis er 18 Jahre alt war, ging er jeden Sonntag zur Messe. »Aber ich bin nicht religiös und gehe nur noch zu Beerdigungen in die Kirche. Und dies auch nicht aus einem Glauben heraus, sondern um dem Verstorbenen eine letzte Ehre zu erweisen.« Seine Religion, wenn man dies so nennen könne, sei die Harmonie, mit allen im Frieden zu leben. »Das ist doch ein schönes Fazit für ein langes, glückliches Leben.« Natürlich hat Bruno auch in dieser Beziehung recht.

Brunos Glücksrezepte

»Gib stets dein Bestes! Mich hat meine sportliche Leistung glücklich gemacht. Aber auch jede andere Leidenschaft, die dich erfüllt und die du zielstrebig verfolgst, kann das bewirken. Und wenn du Glück hast, kannst du diese bis ins hohe Alter ausüben.«

***

»Natürlich gibt es Zeiten, in denen man seelisch in einem tiefen Tal steckt. Aber Jammern und Selbstmitleid verleihen dir nicht die nötigen Kräfte, um diese zu überwinden. Manchmal braucht es Selbstdisziplin und Willenskraft, um Schweres zu überwinden. Und glücklich ist, wer das schafft.«

***

»Wenn du, wie ich, die wahre Liebe gefunden hast, schätze und pflege dieses Glück und halte es nie für selbstverständlich!«

Die Leidenschaftliche:

Jrmy, 85

»Man ist nie zu alt für das große Glück
einer neuen Liebe.«

Diese Frau ist ein echter Wirbelwind: Das zeigt sich nicht nur an ihren federnden, schnellen Schritten, mit denen sie durch das weitläufige und gemütliche Wohnzimmer ihres Hauses schreitet. Auch ihre ausgeprägte Gestik, mit der sie ihre Worte unterstreicht, und ihr schnelles Sprechtempo geben keinen Hinweis auf ihr fortgeschrittenes Alter.

Während die 85-Jährige den großen Holztisch deckt, um mich mit Kaffee und Kuchen zu verwöhnen, nutze ich die Gelegenheit, ihre künstlerischen Arbeiten zu bewundern. Denn Jrmy ist nicht nur eine talentierte Malerin, wie die unzähligen Aquarellbilder an den Wänden beweisen, sondern sie entwirft seit vielen Jahren auch bunte Quilts, die sich als Tagesdecken und Wandschmuck eignen. Überall im Wohnzimmer hat die lebhafte Seniorin ihre Kunstwerke aus Stoff drapiert, und sie ist sichtlich stolz auf ihre Handarbeiten: »Meine Kreativität ist ein großes Glück. Sie macht mir jeden Tag Freude. Und sie hat mir auch in schwierigen Zeiten immer wieder Ansporn und neuen Lebensinhalt gegeben.« Damit auch andere diese Freude erleben können, gibt sie heute noch Quiltkurse für Interessierte.

Die gelernte Damenschneiderin, die die Modefachschule als Klassenbeste abschloss und während ihrer Berufstätigkeit im Atelier Hunderte von Schnittmustern für Modegeschäfte hergestellt hat, wohnt seit über vier Jahrzehnten in diesem stattlichen Haus auf dem Land. Schaut man aus den Fenstern, sieht man eine sanfte grüne Hügellandschaft. Rund 2,8 Hektar Weideland und Wald samt einer Quelle umfasst das Grundstück. Hier lebte Jrmy zusammen mit ihrem verstorbenen Ehemann Werner und ihren Kindern, die inzwischen längst erwachsen sind: Gisela, 61, und Patrick, 52. Nachdem ihr Ehemann Werner nach 45 Ehejahren starb, verliebte sie sich einige Jahre nach dessen Tod noch einmal. »Mein spätes Glück«, nennt sie diese Lebensphase, die leider nur fünf Jahre dauerte, weil sie ihren neuen Partner ebenfalls viel zu früh verlor. Als hätte das reife Liebespaar schon damals gewusst, dass ihnen nur wenig Zeit blieb, zog er bereits eine Woche nach dem Kennenlernen in ihr Haus – zusammen mit seinen vier Windhunden. »Wir hatten eine wunderbar glückliche Zeit zusammen«, erinnert sich Jrmy. »Ed unterstützte mich immer bei den vielfältigen Arbeiten in Haus und Garten. Aber das Wichtigste war, dass wir beide uns gefunden hatten.«

»Nie hätte ich geglaubt, dass ich mich mit 77 Jahren noch einmal Hals über Kopf verlieben könnte«, sagt die 84-jährige schwärmerisch. »Als mein Liebster Ed an Prostatakrebs starb, war das furchtbar. Ich brauchte lange, bis ich mich von diesem Schock erholt hatte.«

Für einige Momente scheinen Energie und Freude aus ihrem Gesicht verschwunden. Aber nicht für lange, denn als ich Jrmy bitte, mir einige ihrer schönsten Quilts zu zeigen, ist ihre Lebensfreude sofort wieder da, und sie beginnt, die wunderschönen Decken vor mir auszubreiten. Zu diesem künstlerischen Hobby ist sie übrigens per Zufall gekommen, als sie anlässlich einer Ausstellung in ihrem Dorf eine Künstlerin kennenlernte, die dort ihre Quilts präsentierte. »Eigentlich hatte ich keine Zeit für ein neues Hobby. Aber ich war fasziniert von den Sujets und den Farbkombinationen, sodass ich unbedingt lernen wollte, wie man diese Decken herstellt. Dass Jrmy künstlerisches Talent und eine besondere Leidenschaft für Farben besaß, zeigte sich schon als Kind. Sie begeisterte ihr Umfeld mit wunderschönen selbst gemalten Blumenbildern. »Ich wusste schon damals, das dies meine Welt ist.« Und so war ihre Liebe zum Quilten – »das Malen mit Stoffen« – wie sie es nennt, eigentlich eine natürliche Weiterentwicklung dieser Begabung. Jrmy begann, Quilt-Kurse zu besuchen. Und auch hier zeigte sich ihr künstlerisches Talent eindrücklich. Sie sei ein richtiger Profi, sei sie von der Lehrerin gelobt worden. Durch das Quilten öffneten sich Jrmy auch neue Horizonte, denn sie schloss Bekanntschaften mit gleichgesinnten Frauen aus den USA. Im Rahmen eines Gruppen-Quilt-Austausches besuchte sie 1988 die Universität North Carolina. »Wir wohnten auf dem Campus in Studentenzimmern, und ich konnte mich noch mehr in dieses spezielle Kunsthandwerk vertiefen.« Damals habe sie gespürt: »Jetzt will ich mit diesem Hobby noch einmal so richtig durchstarten.« Und aus der Begegnung mit einer amerikanischen Quilterin erwuchs eine jahrelange Freundschaft, die bis heute hält. »Meine Freundin Floy und ich besuchen uns regelmäßig. Schöne Freundschaften im Alter zu pflegen, empfinde ich als eine wunderbare Bereicherung.«

Jrmy verblüfft mich immer wieder mit ihrem natürlichen Selbstbewusstsein, dessen Ursprung sicher im familiären Umfeld zu suchen ist. Als Älteste von fünf Geschwistern übernahm sie schon früh viele Pflichten. Dies lag vor allem daran, dass ihre Mutter an Leukämie erkrankt war, was aber jahrelang von den Ärzten nicht erkannt wurde. Als die Mama nach jahrelangem Krebsleiden immer kränker wurde und sich die Krankenhausaufenthalte zu häufen begannen, gab sie mit Anfang 20 den Bitten ihres Vaters nach und zog nach Hause zurück. »Obwohl ich meinen Beruf über alles liebte und bereits in jungen Jahren die verantwortliche Schnitttechnikerin im Atelier war, war es für mich selbstverständlich, diesen Schritt zu machen. Mein Vater war dafür sehr dankbar und übergab mir viel Verantwortung: So bekam ich Ende jedes Monats einen kleinen Stoffsack mit einem Lohn und war damit auch für die Finanzen der Familie verantwortlich. Fast nebenbei erwähnt Jrmy, dass sie sechs Monate nach dem Tod ihrer Mutter selbst Mama einer Tochter wurde. Mit deren Vater war sie zum damaligen Zeitpunkt allerdings nicht mehr zusammen. Nicht, weil sie Streit gehabt hätten, es waren andere Gründe, auf die sie nicht näher eingehen möchte.

War es in dieser Zeit nicht unschicklich, unverheiratet Mutter zu werden? »Das kann schon sein«, sagt Jrmy mit einem Lächeln, »aber ich war eine solch strahlende und selbstbewusste Mutter, das es niemand wagte, mich anzugreifen«. Und hätten die Leute sich hinter ihrem Rücken das Maul zerrissen, »wäre mir das total egal gewesen«. Zwei Jahre nach der Geburt von Gisela verliebte sich Jrmy in Werner, und weitere zwei Jahre später heiratete das Paar und bekam einen Sohn, Patrick.

Doch zurück zu Jrmys künstlerischer Leidenschaft, dem Quilten: Hin und wieder verkauft sie eines ihrer kunstvollen Objekte, die sie auch in lokalen Ausstellungen zeigt. Aber noch lieber entwirft sie ein besonders schönes Stück für eine besondere Gelegenheit: einen Geburts- oder anderen Festtag für ein Familienmitglied. Neben dem Quilten gilt ihre Liebe seit langen Jahren der Malerei. Angefangen hatte sie mit der Bauernmalerei, heute liebt sie Aquarelle.

War es für die damals 82-jährige nicht schwierig, nach dem Tod ihres zweiten Lebensgefährten allein an diesem zwar idyllischen, aber abgelegenen Ort zu leben? Die Antwort kommt schnell und bestimmt: »nein, überhaupt nicht. Sein schmerzhafter Tod machte mich sehr unglücklich. Doch mit der Zeit wuchs das Gefühl der Dankbarkeit, dass ich dieses Liebesglück überhaupt noch einmal erleben durfte, und so konnte ich meinen Schmerz nach und nach loslassen.« Und Jrmy hatte den Mut, das Leben noch einmal anzupacken. »Ich neige nicht zu Selbstmitleid und sagte mir nach einer gewissen Trauerzeit: Jetzt packe ich es noch einmal! Ich habe meine künstlerischen Hobbys und natürlich auch die Verantwortung für mein Haus, den Garten und die Hunde.«

Fühlt sie sich so weit draußen auf dem Land – weit und breit ist kein anderes Haus zu sehen – nicht manchmal einsam? Als ich ihr gestehe, dass ich hier vor allem nachts nicht allein sein möchte, lacht sie laut und herzlich. »Ich bin keine ängstliche Frau und habe auch gar keine Zeit, mir solche Gedanken zu machen. Außerdem pflege ich viele freundschaftliche Kontakte und bekomme immer wieder Besuch von meiner Familie und meinen Freunden.«

Je länger ich mich mit Jrmy unterhalte, desto mehr beeindrucken mich ihre Fröhlichkeit und ihre Energie, die so ansteckend sind wie ihr Lachen. Und nicht nur ihre Erzählungen nehmen gefangen, es ist auch eine Freude, sie anzusehen. Ihre schönen, vollen Haare, die zart geschminkten Lippen und die leuchtend roten Fingernägel zeigen, dass sich Jrmy gerne pflegt. Und das nicht nur mithilfe von diskretem Make-up. Die rüstige Dame war auch Probandin bei einer dreijährigen Bewegungsstudie, bei der die gesundheitliche Auswirkung von sportlicher Betätigung bei Senioren untersucht wurde. Und wie könnte es anders sein. Bei der jährlichen ärztlichen Kontrolle, bei der sie jedes Mal auf Herz und Nieren geprüft wurde, hatte sie ausgezeichnete Werte. »Die Herren Doktoren rühmten mich jeweils und ermunterten mich, auch bei der nächsten

Studie wieder mitzumachen. Ich sagte natürlich Ja, erklärte aber auch, dass meine gute gesundheitliche Verfassung kein Zufall ist, sondern dass ich einiges dafür mache«, sagt sie selbstbewusst.

Sie sei halt ein »Bewegungstyp«, körperliche Bewegung löse bei ihr »wahre Glücksgefühle« aus. Aber nicht nur Jrmy steckt voller Energie, auch ihre beiden afrikanischen Windhunde scheinen zur äußerst lebhaften Sorte zu gehören. Peter Pan und Aba bellten sich nicht nur die Seele aus dem Leib, als ich bei meinem Besuch auf die Klingel des schmucken Hauses gedrückt hatte, sondern auch während unseres Gesprächs hört man die beiden Windhunde bellen. »Sie müssen im oberen Stockwerk warten, weil sie uns sonst stören würden«, sagt Jrmy bestimmt. Bei aller Liebe zu den Fellnasen, ohne Disziplin geht es bei ihr nicht.

»Das Hunde-Duo ist quasi das Vermächtnis meines letzten Lebenspartners. Eingezogen ist Ed mit vier Hunden, zwei starben kurz danach, zusammen kauften sie zwei neue Hunde, Aba und Peter Pan.« Und einmal mehr bin ich überrascht, wie offen und vertraulich die alten Menschen mir aus ihrem Leben erzählen. Denn bis zum heutigen ersten Treffen war ich ja eine Fremde für sie. Dass Jrmy ein wahres Goldstück für mich werden könnte, ahnte ich, weil sie mir bei meiner Suche nach spannenden Menschen für dieses Buchprojekt gleich von zwei Seiten empfohlen worden war. Und beide waren überzeugt, dass sich die kreative Jrmy – trotz aller Schicksalsschläge, die sie erleben musste – ihre Lebensfreude erhalten hatte.

Dies zeigt sich auch in der Tatsache, dass sie den Verlust ihrer zwei Lebenspartner zwar betrauerte, es aber schaffte, über den Schmerz hinweggekommen ist. »Nach dem Tod meines Ehemanns war ich mit dem Schicksal ausgesöhnt, insbesondere, weil ich mich bewusst von meinem Mann verabschieden konnte. Das Schicksal war gnädig, wir konnten noch alles besprechen, kein Thema blieb unberührt. Und als es dann so weit war, konnten wir beide in Frieden loslassen.« Die Ehe mit ihrem Mann, einem technischen Beamten und Straßenverwalter, sei gut gewesen. Natürlich mit den üblichen Hochs und Tiefs, die für eine langjährige Beziehung typisch sind. »Unsere Kinder, das Haus und die Arbeiten im Garten und auf dem Grundstück haben unserer Beziehung ein gutes Fundament gegeben. Und auch das Verständnis meines Mannes für meine kreativen Hobbys habe ich immer geschätzt. Als mein Mann die Augen schloss, wusste er, dass er mich getrost zurücklassen konnte, weil ich gut aufgehoben war.«

Jrmys Verantwortungsbewusstsein zeigte sich darin, dass sie erst ganz am Schluss bei der Pflege ihres Mannes Hilfe in Anspruch nahm. »Meine Devise war: So lange ich die Kraft habe, werde ich diese Aufgabe meistern.«

Auch hier zeigen sich Parallelen zu den anderen porträtierten Frauen in diesem Buch. Die Selbstverständlichkeit, mit denen sie sich um ihre erkrankten Lebenspartner gekümmert haben, hat sicher mit dem Selbstverständnis dieser Generation zu tun. Gemein ist ihnen aber auch, dass sie ihre persönlichen Leidenschaften trotz anstrengender Familienarbeit und Berufstätigkeit nie vernachlässigt haben. »Ich hätte nicht gewusst, wie ich meine Schicksalsschläge überleben sollte, wenn ich meine künstlerischen Hobbys nicht gehabt hätte.«

Doch, wie so oft im Leben, folgte auf Schatten wieder Licht. In Jrmys Fall sorgte die zweite große Liebe für eine äußerst glückliche

Zeit. Die Geschichte wäre eine perfekte Vorlage für einen Kinofilm. Leider sah die Realität kein Happyend für die beiden Liebenden vor. Doch diese wunderschöne Story kann dennoch Mut machen, weil sie beweist, dass man sich in jedem Alter noch einmal Hals über Kopf verlieben kann. Und dies mit einer Intensität, die die damals 77-Jährige »nie für möglich gehalten hätte«.

Der Nachmittag neigt sich schon dem Ende entgegen, die Sonne steht tief und wirft goldene Strahlen in die Stube, als Jrmy zu erzählen beginnt. »Dreieinhalb Jahre nach dem Tod meines Ehemannes besuchte ich meine Therapeutin, die mich mit Traditioneller Chinesischer Medizin behandelte. Wir plauderten, und plötzlich sagte sie, sie kenne einen netten Wittwer, der gut zu mir passen würde. Im ersten Moment schwankte ich zwischen Belustigung und Abwehr. Ich hatte in meinem Leben noch nie ein Blind Date gehabt und auch keine Lust, mich als reife Frau auf ein Abenteuer einzulassen. Außerdem war mein Alltag ausgefüllt. Ich brauchte keinen neuen Mann, um glücklich zu sein.«

Insgeheim muss ich schmunzeln. Diese so typische Aussage, dass man auch ohne Partner glücklich sein kann, wird scheinbar von Frauen jeder Generation gerne verwendet. »Doch meine Therapeutin ließ nicht locker. Sie hatte es sich offenbar in den Kopf gesetzt, dieses Treffen zu arrangieren. Und so schlug sie mir vor, ich solle doch völlig unverbindlich am nächsten Freitagabend zu einem Windhund-Treffen an der Rennbahn mitkommen.« Der Witwer, den sie ihr vorstellen wollte, besaß vier Windhunde. Jrmy lacht ihr ansteckendes Lachen: »Mein erster Gedanken war: Was soll ich bloß mit einem Mann mit vier Windhunden?« Sie mochte Tiere durchaus und hatte schon selbst immer wieder Hunde gehabt.

Bei aller Skepsis, die Jrmy verspürte, überwog die Neugierde auf diesen neuen Kontakt. Und schließlich war es diese Neugierde, die es erst möglich machte, dass die Dinge an jenem Freitagabend beim Windhund-Treffen ihren Lauf nahmen. Trotzdem brauchte sie Mut für diesen für sie so ungewöhnlichen Schritt. »Mit bangem Herzen« sei sie zum verabredeten Treffpunkt gegangen. Doch als sie ihr Date zum ersten Mal sah, schlug ihr Herz schneller. Nicht aus Angst, sondern aus Freude. Und der gut aussehende, ältere Mann wusste durchaus, wie man eine Dame wie Jrmy behandelt.

»Ed überreichte mir einen wunderschönen Blumenstrauß. Diese galante Geste gefiel mir sehr gut. Es war schon so lange her, seit ich von einem Mann Blumen geschenkt bekommen hatte«, sagt sie lächelnd, und ihre Wangen röten sich leicht. Aber nein, Liebe auf den ersten Blick sei es dann doch nicht gewesen. »Doch ich spürte auf Anhieb eine große Sympathie für ihn. Und auch die vier Hunde mochte ich.« Die Zeit verging schnell an diesem Nachmittag, beide wussten sich viel zu erzählen. Als sie sich nach ein paar Stunden verabschiedeten, wusste Jrmy, dass ihr Date Witwer und viel und gerne mit seinen Windhunden unterwegs war. Noch an diesem Nachmittag spürte das Paar eine gemeinsame Wellenlänge, die vielleicht sogar eine gemeinsame Zukunft möglich machen würde.

»Nein, nein, so weit dachte ich damals nicht«, wehrt Jrmy lachend ab. »So schnell geht es dann doch nicht bei mir.« Aber das Schicksal hatte sein eigenes Tempo. Und das war ziemlich zügig.

Die Begegnung ließ Jrmy keine Ruhe, und als ihr Verehrer ein neues Treffen vorschlug, freute sie sich so sehr, dass sie ihre neue Bekanntschaft zu einem Abendessen bei sich zu Hause einlud. Doch im letzten Moment bekam sie kalte Füße und begann, zu zweifeln: »Ich konnte doch keinen fast Unbekannten zu mir einladen!« Aus einem weiteren Impuls heraus beschloss Jrmy, sie wolle zuerst wissen, wie ihr Verehrer denn so lebe, und meldete sich zu einem Besuch an. »Als er die Haustür öffnete, freute er sich sichtlich, nur seine vier Windhunde starrten mich unverwandt an. In diesem Moment wusste ich: Ab jetzt verändert sich mein Leben radikal.«

Jrmys Gefühle trogen sie nicht. Ihre neue Liebesgeschichte blühte über Nacht auf. Und eine Woche später zog Ed samt seiner vier Hunde bei ihr ein. Zunächst quasi zur Probe. »Schließlich mussten wir ja die Gewissheit haben, dass es mit uns klappen könnte, bevor er seine Wohnung aufgeben würde«, kichert sie wie ein Teenie. Und beide hatten das gleiche Ziel: ihre Liebe und auch ihre körperliche Leidenschaft in vollen Zügen auszuleben. Und nicht nur das Paar genoss sein Glück in vollen Zügen. »Mein ganzes Umfeld, auch meine Kinder, haben Ed mit offenen Armen aufgenommen.« Während die alte Dame erzählt, leuchten ihre Augen, und ihre Wangen glühen. Natürlich habe es aus dem weiteren Umfeld Stimmen gegeben, die vor einem »überstürzten« Schritt gewarnt hätten. Aber auch hier zeigte sich ihr äußerst gesundes Selbstbewusstsein. »Dass die Leute hinter meinem Rücken vielleicht lästern würden, war mir egal, denn ich spürte tief innen: Dieser Mann wird mich glücklich machen.«

Vielleicht ist meine Schlussfolgerung falsch, aber ich glaube, dass diese Jahre die schönsten in Jrmys Leben waren. Vielleicht, weil sie zum ersten Mal in ihrem Leben eine Liebesbeziehung ohne Verpflichtungen und Aufgaben, wie sie eine Familie mit sich bringen, erleben durfte.

Als könnte sie meine Gedanken lesen, sagt sie: »Ich will meine beiden Beziehungen nicht miteinander vergleichen. Meine langjährige Ehe mit Werner war erfüllend, aber die Gefühle, die Ed in mir weckte, diese wunderbare Verliebtheit, war einfach verrückt.« Wenn heute ein älterer Mensch zu ihr sage »Mein Partner lebt nicht mehr, die Kinder sind ausgezogen, es ist alles gelaufen«, entgegne sie: »Das Leben kann sich immer wieder zum Schönen ändern. Ich bin das beste Beispiel dafür. Aber es braucht auch eine gewisse Offenheit und den Mut, sich dem Leben noch einmal zu öffnen.«

Die beiden frisch Verliebten hielten mit ihren Gefühlen nicht hinter dem Berg und zeigten allen, wie glücklich sie waren. »Wir galten als das neue Traumpaar«, sagt Jrmy lächelnd. Während sich der neue Mann in ihrem Leben um den großen Garten und die Hunde kümmerte, widmete sie sich weiter ihren kreativen Arbeiten. »Für mich hätte es ewig so weitergehen können.« Aber wieder schlug das Schicksal zu. Und dieses Mal waren seine Absichten nicht glückbringend.

Ed erkrankte an Prostatakrebs. Ihrer zweiten Liebe blieb keine Chance für einen langsamen und friedlichen Abschied.

»Anders als die Krankheit meines Ehemannes war seine Krebserkrankung sehr aggressiv und schmerzhaft.« Als die 82-Jährige endgültig Abschied von Ed nehmen musste, dachte sie, sie würde dies nicht überleben. Und es kam noch schlimmer. Drei Wochen nach dem Tod ihres Geliebten starb auch Jrmys jüngerer Bruder.

Dieses Mal dauerte es lange, bis die sonst so Lebenstüchtige über die Verluste hinwegkam. »Oft habe ich mit dem Schicksal gehadert und geklagt: Warum habt ihr mir diese große Liebe geschickt, um sie mir so schnell wieder zu entreißen?«

In dieser Zeit sei sie sehr dünnhäutig und verletzlich geworden. Doch Jrmy wäre nicht die starke Frau, die sie ist, wenn nach einer gewissen Trauerzeit nicht wieder ihre Lebenskraft erwacht wäre: »Ich wollte nicht in Selbstmitleid verfallen, sondern weitermachen. Solange es meine Hände und Augen zulassen, werde ich weiterarbeiten. Und die Tatsache, dass ich in reifem Alter noch einmal ein solch großes Glück erleben durfte, hat mich schließlich mit dem Schicksal versöhnt.« Und irgendwie sei sie mit ihren verstorbenen Lebenspartnern immer noch verbunden. Regelmäßig besucht sie ihre beiden Lieben, die auf dem kleinen Dorffriedhof sogar in der gleichen Reihe liegen.

Jrmys Glücksrezepte

»Die Neugierde, die ich mein ganzes Leben behalten habe, ermöglichte es mir, noch einmal einen tollen Mann kennenzulernen und eine wunderbare Liebesgeschichte zu erleben.«

***

»Von nichts kommt nichts: Meine körperliche Beweglichkeit ist mir sehr wichtig. Darum trainiere ich regelmäßig, um möglichst lange fit und gesund zu bleiben. Und mir damit auch meine Unabhängigkeit zu bewahren.«

***

»Bleibe stets selbstbewusst und verlasse dich immer auf dein Gefühl. Die Meinung anderer sollte dich nicht verunsichern.«

***

»Sag niemals nie! Natürlich ist die Chance, sich im reifen Alter noch einmal Hals über Kopf zu verlieben, eher gering. Aber meine Geschichte zeigt: Es ist möglich!«

***

»Ich bin eine selbstbewusste und leidenschaftliche Frau, und das in jeder Beziehung. Ich habe meine Interessen nie vernachlässigt. Und diese haben mir auch in schweren Zeiten Lebensinhalt gegeben.«

***

»Viele Menschen vernachlässigen ihre Freundschaften während ihrer Beziehung oder Ehe. Das habe ich nie gemacht, und darum habe ich noch heute liebe Freundinnen, mit denen ich immer wieder etwas unternehme.«

Die Starke:

Margrith, 85

»Meine Aktivitäten und mein Engagement haben mich jung gehalten.«

Als klassisches Glückskind habe ich Margrith nie gesehen, doch ich bewunderte, wie sie trotz ihres nicht einfachen Schicksals stets Stärke und ein stilles Glück ausstrahlte. Das war vor vielen Jahren. Margrith ist die Mutter meiner guten Freundin Ursula, mit der ich damals für die anstehende Diplomprüfung als Kindergärtnerin büffelte. Es gibt Menschen, vor denen hat man Respekt, selbst wenn man jung und eher respektlos ist. Frau M., wie ich sie damals nannte, war eine jener Frauen, die genau dieses Gefühl in mir auslöste. Ich fühlte mich ihr gegenüber befangen. Schon damals hätte ich gerne mehr über diese selbstbewusste Frau erfahren, die für mich stets ein Geheimnis blieb. Als ich ältere Menschen suchte, um von ihnen zu erfahren, was ihr Rezept für ein glückliches Leben ist, fiel mir sofort Ursulas Mutter ein, die ich nach langen Jahren erst in letzter Zeit wiedergesehen habe.

Nun sitze ich mit Margrith, wir sind nach unserem ersten Wiedersehen per Du, im Wohnzimmer ihrer Dreizimmerwohnung. Hier lebt sie seit 20 Jahren allein. Damals überließ sie das Haus, in dem ich oft zu Gast war, Ursula, ihrem damaligen Mann und ihren Kindern: Lukas, damals 4, und Fabian, 1. Drei Wochen nach dem Einzug kam dann noch Sarina auf die Welt. Sie selbst brauche nicht mehr so viel Platz, sagt Margrith.

Ihr jetziges Zuhause ist einfach und zweckmäßig eingerichtet. Kein überflüssiger Schnickschnack. Der große Computer verrät, dass sie mit 85 Jahren immer noch regelmäßig online unterwegs ist. »Für mich ist es wichtig, dass ich so lange wie möglich unabhängig bleiben kann«, sagt Margrith. Und dies ist sie in einem Maße, wie es für ihr Alter ungewöhnlich ist. Nach ihrer Pensionierung legte die aktive Frau ihre Hände nicht in den Schoß. Im Gegenteil! Sie schloss neue Freundschaften, reiste mit Freundinnen ins nahe Ausland und spielte und spielt begeistert Bridge. Natürlich wurde der Freundeskreis mit den Jahren kleiner. Aber auch diese Tatsache hat nicht dazu geführt, dass Margrith aufgehört hätte, ihren Verpflichtungen und Leidenschaften nachzugehen. Noch immer mag sie es, Verantwortung zu übernehmen, die für sie nie Last, sondern meistens Freude war. Margrith führte bis vor Kurzem die gesamte Buchhaltung des Frisörgeschäfts ihrer Enkelin Sarina. Dass sie das heute nicht mehr macht, hat nichts mit ihrem Alter zu tun, sondern Sarina wechselte ihren Beruf. Außerdem kümmert Margrith sich immer noch um die Verwaltung ihres ehemaligen Hauses und sie hütet oft Niki, Sarinas Hund. Dass sie auch regelmäßig mit ihm spazieren geht, ist keine Frage, denn Bewegung ist für die rüstige Dame ein Muss. »Körperliche Aktivität, die ich in meinem ganzen Leben nicht vernachlässigt habe, hilft mir heute noch, aktiv und unabhängig zu bleiben. Und dies ist für mich die beste Grundlage für einen erfüllten und glücklichen Alltag.«

Am besten gefalle ihr heute, »dass ich nach meinem eigenen Rhythmus leben kann«, beschreibt Margrith ihre aktuelle Situation. Das Thema »große Reisen« habe sie zwar abgeschlossen, aber sie fahre immer noch mit dem Auto zu ihren Bridge-Zusammenkünften. Während Margrith in der Küche einen Kaffee zubereitet, schaue ich mich in der schlicht eingerichteten Wohnung um.

Etwas irritiert nehme ich die leeren Bücherregale zur Kenntnis – nur ein paar alte Duden-Bände stehen etwas verloren herum. Margrith scheint meinen Blick zu bemerken: »Ich mag es nicht, unnötige Dinge zu horten. Zu viel Besitz hat mich noch nie glücklich gemacht.« Und spitzbübisch fügt sie an: »Am besten gefällt mir, dass ich keinen Garten mehr pflegen muss wie in meinem alten Zuhause. Das habe ich nämlich nie gern gemacht.«

Sie hat sich nicht groß verändert, war mir durch den Kopf gegangen, als mir Margrith zuvor die Wohnungstür geöffnet hatte. Natürlich ist sie nicht mehr die 50-jährige Frau, die ich kennengelernt hatte, aber trotz ihrer leicht gebeugten Haltung wirkt sie immer noch sportlich-aktiv. Auch ihr gepflegtes dunkles Haar, ihr klassischer Kleidungsstil und vor allem ihre Ausstrahlung sind unverkennbar. Als sie nach der Begrüßung in Richtung Küche abmarschiert, macht sie dies mit schnellen, federnden Schritten.

Die leichte Befangenheit, die ich früher immer gespürt hatte, wenn ich Margrith traf, macht sich wieder bemerkbar. Auch heute schaut sie mich mit ihren dunklen Augen prüfend an, und sogleich werden längst vergessene Gefühle wach: Bin ich wirklich willkommen oder bereut sie vielleicht schon jetzt, dass sie zugesagt hat, sich befragen zu lassen?

Ursulas Mutter war das Kontrastprogramm zu meiner eigenen Mutter. Diese war zwar eine äußerst herzliche, aber auch ziemlich vereinnahmende Frau, die meine Kollegen und Kolleginnen immer mit offenen Armen begrüßte. Dagegen wirkte Ursulas Mutter bei meinen ersten Besuchen stets zurückhaltend, sodass ich mich oft fragte: Ist es für sie in Ordnung, dass ich hier bin, oder störe ich sie? Doch so schnell diese Gedanken kamen, verschwanden sie auch wieder. Denn neben ihrer Reserviertheit hatte sie eine tolerante und gelassene Ausstrahlung. Ich konnte mir damals beim besten Willen nicht vorstellen, dass sie je die Nerven verlieren könnte, wenn eine ihrer zwei Töchter – Ursula hatte noch eine vier

Jahre ältere Schwester, Sonja – Probleme machte. Oder dass sie womöglich einmal ihre Beherrschung verlieren könnte.

Ursulas Mutter schien für mich ein Fels in der Brandung zu sein. Von meiner Freundin wusste ich, dass ihre Mutter sehr unter dem Tod ihres Mannes Fritz gelitten hatte. Dieser war drei Jahre, bevor ich Ursula kennenlernte, mit 51 Jahren während eines Tennismatches mit seiner Tochter an einem Herzinfarkt gestorben. Margrith war damals 45 Jahre alt. Trotz dieses Schicksalsschlags wirkte sie auf mich stets gelassen und in sich ruhend. Die Stürme des Lebens schienen an ihr vorbeizuziehen, umwerfen konnten sie sich nicht. Und im Gegensatz zu meiner emotionalen und überbesorgten Mutter vermittelte sie mir den Eindruck, dass sie ihre Tochter Ursula als Erwachsene behandelte. Während ich mich der Zärtlichkeiten meiner Mutter fast erwehren musste, sah ich zwischen Ursula und ihrer Mama nie den Austausch einer liebevollen Geste. Auch kam es nie vor, dass sich die beiden in meiner Anwesenheit neckten oder stritten. Irgendwie faszinierte mich diese ungewöhnliche Beziehung.

Trotz der Kühle, die ich am Anfang meiner Bekanntschaft mit Margrith fühlte, spürte ich schon bald ihre warmherzige Seite, die sich oft in einem offenen und glücklichen Lachen äußerte. Dieser kleine Gefühlsausbruch überraschte mich jedes Mal und gab mir das gute Gefühl, in dieser Familie willkommen zu sein.

Allerdings interessierten mich damals Mütter – die eigene und vor allem auch jene meiner Freundinnen und Kollegen – zu jener Zeit nicht sonderlich, andere Themen wie Jungs, Kleider oder Schminke waren wichtiger. Doch die tragischen Umstände, unter welchen Ursulas Vater gestorben war, beschäftigten mich. Dass meine

Freundin den Tod ihres Vaters miterleben musste, fand ich schrecklich. Ich bewunderte Ursula, dass sie trotz dieses schmerzlichen Verlustes wieder in den Alltag zurückgefunden hatte. Erst viel später gestand sie mir, welches Trauma der Tod des Vaters bei ihr und ihrer Mutter ausgelöst hatte.

Jetzt sitzen wir in bequemen Sesseln, eine Tasse Kaffee vor uns. Mir ist klar, dass es bei dieser Unterhaltung keinen Smalltalk geben wird. Oder dass Margrith, wie viele andere neugierige, alte Menschen, von mir erwartet, dass ich sie über mein Leben auf den neuesten Stand bringen würde. Es ist ungewohnt, dass ich mit der Mutter meiner langjährigen Freundin allein bin. Margrith scheint meine leichte Verunsicherung zu spüren und schenkt mir ein herzliches Lächeln, das mir, wie immer, ein gutes Gefühl gibt. Weil es keines dieser unverbindlichen Allerweltslächeln ist, sondern ein Statement, das mir vermittelt: »Schön, dass du da bist!«

Und genau dieses herzliche Lächeln hatte ich vor mir gesehen, als ich alte Menschen suchte, die ich für dieses Buch porträtieren könnte. Ursula und ich hatten uns fast 20 Jahre aus den Augen verloren – unsere Lebenswege waren sehr unterschiedlich verlaufen. Meine Freundin wurde nach dem Abschluss der Ausbildung zur Kindergärtnerin schnell Mutter und arbeitet immer noch in ihrem Beruf, während ich kinderlos blieb und meine Berufung im Schreiben fand. Erst durch Facebook fanden wir vor ein paar Jahren wieder zusammen und stellten nach einem ersten Treffen fest, dass unsere Freundschaft immer noch intakt war. Und so sah ich etwas später auch ihre Mutter wieder, als sie ihre Tochter zu der einen und anderen meiner Lesungen begleitete. Was mich immer sehr freute. Als ich sie fragte, ob diese Reisen nicht zu anstrengend seien, lachte sie nur und sagte: »Du weißt doch, wie gern ich unterwegs bin, und wie glücklich es mich macht, Anteil am Leben anderer zu nehmen.«

Trotz dieses Interesses hatte ich immer das Gefühl, dass zwischen Margrith und ihrem Umfeld ein Quäntchen Distanz blieb. Das ist auch beim heutigen Besuch so, als sie mit ihrer unaufgeregten und fast schon abgeklärten Art beginnt, ihr Leben zu beschreiben. Unwillkürlich frage ich mich: Wie schafft sie es, so emotionslos, aber auch ohne jegliches Selbstmitleid selbst über dunkle Phasen ihres Lebens zu reden? Ich spüre ihre Haltung, auch dann »Ja« zum Leben zu sagen, wenn ihr dieses ziemlich übel mitgespielt hat. Die jetzt 85-Jährige beschwert sich nicht über Negatives. Immer wieder sagt sie den für sie so typischen Satz: »Was man nicht ändern kann, sollte man auch nicht bekämpfen.«

Diese Feststellung gegen Ende eines Lebens mag bei vielen alten Menschen einen schalen Beigeschmack haben und mit Resignation oder gar Bitterkeit verbunden sein. Auch wenn sie dies nie offen zugeben würden, so gibt es in den Gesprächen doch immer wieder Hinweise darauf. Nicht so bei Margrith. Bei ihr höre ich keine versteckten Botschaften. Margrith breitet nach und nach ihr Leben vor mir aus, und dies ohne doppelten oder dreifachen Boden. Wäre die dreifache Großmutter ein Gewässer, dann kein tosender Bergbach, kein Meer mit starkem Wellengang und auch kein undurchsichtiger Weiher, sondern ein kühler, ruhiger See, dessen Wasser so klar ist, dass man bis auf den Grund sehen kann.

Dass das Leben kein Zuckerschlecken, sondern mit Pflichten und Verantwortung verbunden ist, erfuhr Margrith schon früh. Während ihr Vater in einem Unternehmen in der Nähe arbeitete, führte die Mutter eine Pension, in der sie täglich das Mittagessen für ein Dutzend Gäste kochte. Es war keine Frage, dass auch Margrith neben der Schule beim Servieren, bei der Hausarbeit und im Garten anpacken musste. »Ich war damals ziemlich scheu, aber es machte mich glücklich, der Mutter zu helfen«, erinnert sich Margrith heute. Noch lieber allerdings beschäftigte sie sich mit allerlei Handarbeiten wie Stricken oder Nähen, Beschäftigungen, denen sie heute noch gern nachgeht. Als sie später die Handelsschule in der nächstgelegenen Stadt besuchte, musste sie jeden Mittag mit dem Zug nach Hause fahren, um in der Pension mitzuhelfen. Danach fuhr sie zum Unterricht zurück. So war Margrith fast 100 Kilometer unterwegs, und zwar jeden Tag. Trotzdem hat sie diese anstrengende Zeit in guter Erinnerung. Sie war schon als junge Frau einfach gerne in Bewegung und hat diese Neigung bis heute behalten. »Stillstand macht mich immer noch unglücklich. Ich brauche die kleinen Herausforderungen des Alltags. Diese zu erfüllen, gibt meinem Leben Sinn und macht mich glücklich.«

Dass das Leben eine Aneinanderreihung von Herausforderungen war, denen Margrith nie aus dem Weg ging, erlebte sie schon früh: In ihrem Elternhaus herrschte ein strenges Regime. So musste sie ihrem Vater versprechen, nach dem Abschluss der Handelsschule und ein bis zwei Jahren Berufstätigkeit als Au-pair bei einer Familie zu arbeiten, um die hausfraulichen Fähigkeiten zu perfektionieren. »Mein Vater sagte stets, er wolle keine Tochter, die nur Spiegeleier braten könne.«

Nach dem Abschluss der Handelsschule begann sie mit 16 Jahren als technische Korrespondentin im gleichen Unternehmen wie ihr Vater zu arbeiten. »Ich kann heute noch Stenografie«, sagt Margrith stolz.

Als fleißige Springerin – »Man konnte mich überall einsetzen.« – wurde die tüchtige, junge Frau von ihren Vorgesetzten häufig gelobt. Doch nach anderthalb herausfordernden und »glücklichen Jahren« musste sie das Versprechen einlösen, das sie ihrem Vater gegeben hatte. Und so reiste die knapp 18-Jährige in die nordfranzösische Hafenstadt Le Havre, um eine Anstellung als Kindermädchen anzutreten. Auch hier zeigte sich schnell der genügsame und belastbare Charakter der jungen Frau. »Alle meine Vorgängerinnen und auch meine Nachfolgerinnen haben in dieser Familie den Bettel schnell hingeworfen.« Die Arbeit sei einfach zu anstrengend gewesen. »Ich musste mich fast eigenverantwortlich um drei kleine Kinder kümmern, und ein viertes war unterwegs.« Ernährt hat sich Margrith während dieser Zeit von Brot und Schokolade, was dazu führte, dass die schlanke, junge Frau in den drei Monaten ihres Aufenthaltes elf Kilo zunahm. »Aber das war nicht das Schlimmste«, erinnert sie sich. Was der Schweizerin mehr zu schaffen machte, war der damalige Hass auf die Deutschen: »Als ich eines Tages Fleisch für die Familie kaufen wollte, warf mich der Metzger aus dem Geschäft, weil er dachte, ich sei eine Deutsche.«

Nach drei Monaten in der Fremde kehrte Margrith etwas üppiger als Sekretärin in ihre alte Firma zurück. Bald schon übernahm sie die Arbeiten eines Buchhalters, der wegen Unterschlagung entlassen wurde. Und so zügig wie es mit der Karriere weiterging, so zügig entwickelte sich auch das Privatleben. Nur wenig später lernte sie, während sie mit einer Freundin unterwegs war, ihren späteren Mann Fritz kennen.

Auf dem Heimweg hielt der junge Mann, den sie eben erst kennengelernt hatte, im Auto mit den Worten »Willst du mich heiraten?« um ihre Hand an, erzählt sie lachend. Und Margrith wäre nicht Margrith, hätte sie diesen Antrag ernst genommen. Anders als ihr zukünftiger Mann, der schon damals zu ahnen schien, dass er dieses Goldstück nicht gehen lassen durfte.

Bei einem sentimentalen Charakter könnte eine solche Erinnerung – vor allem, wenn sie mit dem bereits verstorbenen Ehemann verbunden ist – starke Emotionen auslösen. Aber Margrith lächelt nur versonnen, als sie mich fragt: »Möchtest du ein Foto von Fritz sehen?« Natürlich möchte ich, und ich sehe bald das Bild eines stattlichen Mannes in Uniform.

Das Militär war auch im Leben der jungen Frau ein fester Bestandteil. So arbeitete Margrith nebenamtlich beim militärischen Frauenhilfsdienst FHD und fuhr auch mal ein zwei Tonnen schweres Militärfahrzeug, einen Geländewagen der Marke Dodge. Woher kam diese Entscheidung, sich in diesem für Frauen eher ungewohnten Bereich zu engagieren? »Ich wollte eben mal etwas anderes ausprobieren«, sagt Margrith. »Mir gefiel die Kameradschaft, die dort herrschte.«

Nicht nur im Beruf und in der Freizeit war die junge Frau engagiert, auch die Freundschaft mit Fritz entwickelte sich stetig weiter. War sie sehr verliebt in ihren Verehrer, der ihr schon beim ersten Treffen einen Antrag gemacht hatte? »Ja«, sagt sie leise, »aber nicht so auf die romantische Art und Weise.«

Margrith kann man beim besten Willen nicht als Romantikerin bezeichnen. Ihre realistische und bodenständige Weltsicht zeigte sich bereits in einem Alter, in dem man üblicherweise von einem Schatz schwärmt.

Nach drei Jahren Freundschaft heiratete das Paar. Der weitere Weg als Ehefrau und Mutter war manchmal durchaus beschwerlich. Nicht wegen ihres Gattens, sondern wegen der Schwiegermutter. »Beim ersten Zusammentreffen musterte sie mich abschätzig und meinte schnippisch: ›Für einen Pelzmantel scheinen Sie Geld zu haben, Fräulein, aber offenbar keines für den Zahnarzt.‹«

Zum ersten Mal spüre ich bei Margrith so etwas wie eine gewisse Verletzung, als sie sich erklärt: »Meine Mutter schickte mir das Geld nach Le Havre, damit ich mir einen Mantel kaufen konnte, weil mir meine Kleider zu eng geworden waren. Einen Wollmantel in der Schweiz zu kaufen, wäre teurer gewesen als dieser Pelz in Frankreich. Und was den Zustand meiner Zähne betraf: Zu diesem Zeitpunkt hatte ich mir einfach keine teure Korrektur leisten können.« Als ob sie von ihrem kleinen Gefühlsausbruch selbst etwas überrascht wäre, fügt sie entschuldigend hinzu: »Sie war halt Witwe und Fritz ihr einziger Sohn.« So musste die junge Ehefrau bei gemeinsamen Autofahrten immer auf dem Rücksitz Platz nehmen. Es war klar, dass ihre Schwiegermutter den Platz neben ihrem Sohn einnahm.

Nach sechs Monaten Ehe kam die erste Tochter, Sonja, zur Welt. Fünf Jahre später folgte Ursula. »Fritz war ein sanfter und liebenswürdiger Mann, ein richtiger Familienmensch«, sagt Margrith mit weicher Stimme. »Obwohl er seinen Beruf liebte, kamen wir immer an erster Stelle. Fritz war mein großes Glück, und wenn ich manchmal mit dem Schicksal hadere, dann denke ich an ihn, und das gibt mir die Kraft weiterzumachen.«

Der junge Familienvater arbeitete viel, praktisch jeden Abend bildete er sich weiter und lernte im Selbststudium Russisch, weil er überzeugt war, dass ihm das Beherrschen der Sprache einen beruflichen Vorteil bringen würde. Und so kam es, dass die junge Familie bald für ein halbes Jahr nach England zog, wo Fritz als militärischer Übersetzer arbeitete. »Auch wenn mein Mann ehrgeizig war, wäre ich nicht nach England mitgegangen, hätte er das Jobangebot nicht angenommen«, ist Margrith überzeugt. Nach der Rückkehr kam ein weiteres Familienmitglied dazu: »Mein Mann schenkte mir Falco, einen Collie, zum Geburtstag. Obwohl ich eigentlich keinen Hund wollte – es war eigentlich der Wunsch von Fritz und den Kindern –, wurde er für mich mit der Zeit ein guter Gefährte.«

Fritz verfügte, obwohl er sportlich war, nicht über eine stabile Gesundheit und erlitt bereits mit 41 Jahren seinen ersten Herzinfarkt. Obwohl er danach gut auf seine Gesundheit achtete – er hielt Diät, machte Sport, ging regelmäßig mit Falco spazieren und hörte mit dem Rauchen auf –, erlitt er zehn Jahre später einen weiteren, tödlichen Infarkt. Vor den Augen seiner Frau und seiner Tochter, mit der er ein Match spielte, starb er nach 22 Jahren Ehe auf dem Tennisplatz. Wie haben Margrith und ihre Töchter auf den plötzlichen Tod des Ehemanns und geliebten Vaters reagiert? »Ich habe zuerst nur funktioniert, ich musste ja«, sagt Margrith. Sonja, die ältere Tochter, habe vieles verdrängt, Ursula habe sehr unter dem Verlust ihres Vaters gelitten.

Wir schweigen für ein paar Momente, und ich zögere, Margrith über diese Zeit näher zu befragen. Denn obwohl sie äußerlich gefasst wirkt, spüre ich, dass es ihr nicht leichtfällt, über diese schwierige Zeit zu sprechen. Doch schließlich beginnt Margrith ungefragt zu erzählen: »Es war ungefähr ein Jahr nach dem Tod von Fritz vergangen, als ich in einem Laden ein Hemd für ihn kaufen wollte. Erst als ich das Hemd schon in der Hand hielt, realisierte ich, dass er ja nicht mehr da war.«

Ihr großer Freundeskreis, den Margrith zusammen mit ihrem Mann gepflegt hatte, war der Grund dafür, dass diese dunkle Phase vorüberging. »Obwohl wir beruflich und familiär immer engagiert waren, war es uns immer wichtig, gute Freunde zu haben«, sagt Margrith. Und in der Folge gab es keine Festtage oder Ferien mehr, die die junge Witwe allein verbringen musste.

Hat sie sich nie wieder verliebt? Bei einer attraktiven, ungebundenen Frau Anfang 50, deren Töchter aus dem Haus sind, die unternehmenslustig ist und viele Hobbys pflegt, müssten die Verehrer doch damals Schlange gestanden sein. »Ich habe keine Beziehung mehr gesucht, denn ich war mit meinem Beruf, den ich nie aufgegeben hatte, mit meiner Familie, dem Hund und meinen vielen Interessen glücklich und voll ausgelastet«, sagt Margrith so energisch, dass sich jede weitere Nachfrage erübrigt.

Nachdem sie es aus dem dunklen Tal herausgeschafft hatte, übernahm die Witwe einige Ämter ihres verstorbenen Gatten. Und dieses Engagement habe ihr »ein gutes Gefühl gegeben: Ich spürte, ich wurde gebraucht.« So engagierte sie sich im Vorstand des Pistolenclubs, in dem sie heute noch Ehrenmitglied ist. Zehn Jahre führte sie auch das Präsidium des Evangelischen Frauenvereins. Und weil sie zusammen mit ihrem Ehemann einst den Plan gehabt hatte, irgendwann ein Café zu führen, entschloss sie sich, das Buffet in ihrem Tennisclub zu übernehmen. In diesem Club spielte sie, bis sie 72 Jahre alt war, regelmäßig Tennis. Bis ihr damaliger Tennispartner zum Golfspielen abgewandert sei. Natürlich ist Margrith heute bewusst, dass viele ihrer damaligen Aktivitäten mit einer gewissen Verdrängung zu tun hatten. »Aber heute muss ich sagen, es hat mir gutgetan, dass ich mich so beschäftigt habe. Das Wichtigste aber waren und sind für mich meine Töchter und meine Enkel. Sie sind die Quelle meines Glücks.« In diesem Sinn führt Margrith weiter, was auch bei Fritz stets Priorität hatte: die Familie.

Und was, wenn die Gesundheit schlechter würde? Wäre da der Umzug in ein Altersheim eine Option? »Ach, du solltest doch inzwischen wissen: Ich plane nicht, sondern entscheide, wenn es so weit ist«, sagt sie energisch. Das war tatsächlich eine überflüssige Frage. Und überhaupt, jetzt sei es an der Zeit, das Gespräch langsam zu beenden, falls ich keine weiteren Fragen mehr hätte. Sie müsse noch die Adressen auf 800 Briefumschläge mit der Einladung zur Senioren-Weihnachtsfeier des Evangelischen Frauenvereins der Kirchengemeinde kleben.

So viel zum Thema: Aktivsein macht glücklich. In jüngeren Jahren genauso wie im Alter.

Margriths Glücksrezepte

»Ich war mein ganzes Leben lang aktiv. Die regelmäßige, körperliche Bewegung hat mich jung gehalten. Zwar sind meine Kräfte und mein Radius beschränkter geworden, aber einen großen Teil meiner Unabhängigkeit konnte ich behalten.«

***

»Das Hadern mit Dingen und Ereignissen, die du nicht verändern kannst, ist überflüssig. Setze diese wertvollen Energien lieber anderswo auf positive Weise ein!«

***

»Meine eigenen Interessen waren mir – trotz Familie, Beruf und Freizeitaktivitäten – immer wichtig. Wäre ich nur auf meine Familie fokussiert gewesen, wäre es nach dem frühen Tod meines Mannes und dem Auszug meiner Kinder schwierig geworden.«

***

»Meine teilweise langjährigen Freundschaften, die ich immer bewusst gepflegt habe, auch nachdem ich Witwe geworden bin, haben mich über viel Schweres hinweggetragen.«

***

»Für mich die vielleicht wichtigste Einstellung: Ich lebe nicht in der Vergangenheit und zehre von Erinnerungen. Ich lebe im Jetzt.«

Der Naturverbundene:

Max K., 85

»Mein Rosengarten ist mein Glück.«

Herr K. ist das beste Beispiel dafür, dass einen eine wirkliche Leidenschaft immer wieder aufs Neue beglücken und einem selbst in düsteren Tagen Glücksmomente schenken kann. »Wenn ich mich in meinem Garten mit meinen Rosen beschäftigen kann, vergesse ich die Welt um mich herum«, sagt der pensionierte Ingenieur Agronom (Ingenieur für Agrarwissenschaften). Wenn Max K. »Garten« sagt, dann meint er kein grünes Fleckchen mit ein paar Blümchen, sondern ein wahres Rosenparadies, das einzigartig ist. Das Rosenidyll hat Herr K. zusammen mit seiner Ehefrau Heidi in jahrelanger liebvoller Arbeit geschaffen. Im großzügig angelegten Garten, der sich hinter dem Haus von Max K. befindet, wachsen auf rund 1000 Quadratmetern bis zu 140 verschiedene Rosenarten. Viele davon sind seltene Sorten, die mit ihrer blühenden Schönheit und ihrem Duft bezaubern.

Der Glücksforscher Mihály Csíkszentmihályi, der als Schöpfer der Flow-Theorie gilt, hätte seine helle Freude, wenn er hören könnte, mit welcher Leidenschaft Max K. über seine Lieblingsblumen spricht. Und wie er seine beglückenden Gefühle schildert, wenn er in der Pflege seiner Rosen aufgeht. »Mein Garten ist meine Medizin«, sagt der rüstige Senior, während er mich an einem sonnigen Spätsommernachmittag durch die verwinkelten Wege führt, die er zwischen den Rosenstöcken angelegt hat. Seine anfängliche Schweigsamkeit und seine Zurückhaltung mir gegenüber weichen zunehmend einer heiteren und aufgeräumten Stimmung. Trotzdem bleiben wir beim Sie.

Man spürt, wie viel Freude es Max K. bereitet, sein Rosenparadies zu zeigen und zu erklären, wie dieses gewachsen und gediehen ist. »Noch viel lieber hätte ich Sie vor ein paar Wochen durch meinen

Garten geführt, da standen alle Blumen in voller Blüte«, erklärt er mir. Unvorstellbar für mich. Ich habe noch nie zuvor eine solche Fülle von Rosen in allen Farben und Formen gesehen und gerochen.

Die Pflege seines Paradieses ist für den 85-Jährigen aufwendig und anstrengend – alles andere als ein nettes Hobby, das man mal nebenbei pflegt, wenn man gerade Lust hat. Nein, der märchenhafte Rosengarten ist für den alten Herrn eine Art Berufung und Quelle des Glücks. Während unseres gemeinsamen Spaziergangs durch die verwunschenen Wege des Gartens wäre ich nicht erstaunt gewesen, hätte ich in der märchenhaften Szenerie ein schlafendes Dornröschen entdeckt.

Leider steht dieses romantische Ambiente in großem Gegensatz zum Schicksal von Herrn K. und seiner Frau Heidi. Seit diese vor sieben Jahren an Demenz erkrankt ist, hat sich nicht nur ihr Leben grundlegend geändert, sondern auch seines. Aus dem langjährigen Ehepaar, das neben seiner gemeinsamen Leidenschaft für die Rosenzucht viele andere Interessen teilte, sind zwei Einzelkämpfer geworden. Während Heidi K. immer tiefer in eine für andere unerreichbare Welt abtauchte, musste sich Max K. den Herausforderungen des Alltags stellen. »Ich bin ein alleinstehender Mann«, antwortet er auf meine Frage, wie er mit dieser schwierigen Situation umgeht. Und der Ton seiner Stimme sagt eigentlich alles darüber aus, wie er diese belastende Situation empfindet.

Es sind nicht in erster Linie die täglichen Pflichten und Arbeiten, die ihm schwerfallen. Max K. ist keiner jener Männer, die ohne Partnerin unfähig sind, sich mehr als ein Spiegelei zu braten oder eine Waschmaschine zu bedienen. Seine Frau fehlt ihm nicht als

Haushälterin, sondern als fürsorgliche Partnerin und liebe Gefährtin. Sein Gesicht leuchtet, als er mir erzählt, was für eine bodenständige und kreative Frau Heidi war, die mit ihrer naiven Malerei in der Region bekannt war und ihre Bilder in Ausstellungen präsentierte.

Es ist die Einsamkeit, die Herrn K. zu schaffen macht. Ein Gefühl, das viele alte Menschen kennen, nachdem ihre Partnerin oder ihr Partner verstorben ist oder in einem Pflegeheim liegt. Doch glücklicherweise ist gegen dieses Leiden manchmal auch ein Kraut im Sinne einer geliebten Beschäftigung oder, im Fall von Max K., vieler Rosenstöcke gewachsen. »Wenn ich nach Hause komme, und meine liebe Frau ist nicht mehr da, dann tröste ich mich damit, dass eine Aufgabe auf mich wartet, die mich ablenkt und glücklich macht.«

Solange es für ihn kräftemäßig möglich war, pflegte Herr K., zusammen mit Familienangehörigen, seine Frau liebevoll zu Hause. »Aber irgendwann war kein Gespräch mit Heidi mehr möglich, und ich musste mir eingestehen, dass es einfach nicht mehr geht.« Auch wenn seine Frau in einem persönlich geführten Heim mit einer guten Pflege lebt, spüre ich, dass ihm der Schritt, seine Frau in die Obhut anderer Menschen zu geben, sehr schwergefallen ist. Wer in einer langjährigen und schönen Partnerschaft lebt, wird nachvollziehen können, wie schwierig eine solche Entscheidung ist.

Heute fährt Max K. mehrmals in der Woche in die nahe gelegene Stadt und besucht seine Frau. Ob sie bei seinen Besuchen realisiert, wer er ist? »Sie spürt, dass ich da bin, wenn sie den Klang meiner Stimme hört oder wenn ich ihre Hände halte«, sagt er mit einem traurigen Lächeln. Rund anderthalb Stunden bleibe er jeweils bei Heidi, bis es Zeit fürs Nachtessen sei.

Nach unserem Spaziergang durch den Rosengarten sitzen wir auf der gemütlichen Terrasse an einem langen Holztisch. Ich stelle mir vor, wie sich hier viele Jahre lang eine glückliche und lebhafte Familie getroffen und ausgetauscht hat. Heute sind die vier Kinder des Paares alle über 50 Jahre alt und in alle Windrichtungen ausgeflogen. »Wir haben einen schönen Zusammenhalt untereinander. Meine Kinder haben ihren Weg gemacht«, sagt Max K. mit väterlichem Stolz. Wäre es vermessen, wenn ich behaupten würde, dass seine geliebten Rosen auch ein bisschen wie seine Kinder sind?

Max K. schmunzelt. Statt mir zu antworten, schwärmt er über die Charaktere seiner »majestätischen Rosen«: »Sie sind eigensinnig und suchen ihren Weg, und sie spüren, ob man sie wirklich liebt.« Detailliert erklärt er mir die unterschiedlichen Arten, Formen und Farben seiner Glücksbringerinnen. Ich bin ob all dieser Informationen fast ein bisschen überfordert. Denn bevor ich diesen zauberhaften Garten entdecken durfte, kannte ich vielleicht ein halbes Dutzend verschiedene Rosensorten. Doch je länger der alte Mann über Beet-, Strauch-, Kletterrosen und viele andere Arten referiert, desto klarer wird für mich: Ja, diese dornigen Schönheiten sind ein wichtiger Teil von Max K.s Familie.

»Die schönste Zeit für mich und meine Frau waren die Jahre nach meiner Pensionierung im Jahr 1998.« In den darauffolgenden zehn Jahren begann das Paar nämlich, nach und nach aus einem schönen, aber klassischen Garten das heutige Rosenparadies zu schaffen. »Meine Frau hat die Kleinarbeit übernommen, ich beschäftigte mich mit dem Groben, mit der Pflege der Sträucher und natürlich mit allem, was es sonst zu tun gab.« Zusammen reisten die beiden auch regelmäßig nach England, um sich von englischen Rosengärten inspirieren zu lassen.

Eine weitere Facette seiner Liebe zur Natur zeigt sich darin, dass sich Max auch als Hobbyimker betätigte. Wobei der Zusatz »Hobby« wiederum der Sache nicht gerecht wird. Denn er betreute während 40 Jahren 10–15 Bienenvölker. Und genauso liebevoll wie der alte Herr über seine Rosen spricht, so schwärmt er auch über die Einzigartigkeit der Bienen: »Ich habe Hochachtung vor diesen Lebewesen. Manchmal wollte ich mich in ihre Arbeit einmischen, aber Bienen haben ihre eigenen Ideen«, lacht er. Das Haus samt Umschwung hat er vor 50 Jahren von seinem Vater übernommen. »Ich lebte damals in der Stadt, habe mich aber dort nicht wirklich wohlgefühlt. Als meine Familie und ich hierhin zogen, merkte ich: Das stimmt für mich. Hier fühle ich mich wohl und blühe auf. Und das im wahrsten Sinne des Wortes.«

Das Leben in und mit der Natur ist für ihn ein wichtiges Glückselixier. Aber Max K. ist auch Realist und weiß, dass er mit Mitte 80 nicht mehr die gleiche Kraft und Energie wie früher hat, um sich seinem Garten zu widmen. »Heute arbeite ich eine halbe Stunde draußen, danach muss ich mich für eine Viertelstunde setzen, um mich auszuruhen. Aber diese halbe Stunde reicht, um seelisch immer wieder aufzutanken.«

Wie es ihm denn gesundheitlich gehe, möchte ich wissen. Denn bisher haben wir nur über die gesundheitlichen Probleme seiner Frau gesprochen. Natürlich ist mir aufgefallen, dass er bei unserem

Spaziergang im Garten am Stock ging. Ich spüre, dass es ihn Überwindung kostet, darüber zu sprechen. Mitleid ist wahrscheinlich das Letzte, das er will. Und so spricht Max K. fast ein bisschen widerwillig über seine Augenprobleme, die auf eine Netzhautdegeneration zurückzuführen sind und die ein stark vergrößerndes Lesegerät nötig machen. Und von einer Arterienentzündung, die er allerdings vor zwei Jahren »wieder einigermaßen« in den Griff bekommen hat. Ich kommentiere diese Aussage nicht. »Natürlich geht es mir nicht blendend«, sagt er lächelnd, »ich bin langsamer geworden und sicher auch bedächtiger in meinen Entscheidungen, aber ich bin geistig fit und kann meine täglichen Aufgaben erledigen. Das ist für mich das Wichtigste.«

Im Laufe unseres Gesprächs taut Herr K. immer mehr auf. Und mir fällt auf, wie wenig wir in den letzten Stunden über seine berufliche Vergangenheit gesprochen haben. Ganz anders als mit den anderen Männern, mit denen ich für dieses Buch gesprochen habe, und bei denen die Themen Beruf und Karriere immer sehr wichtig waren. Es ist nicht so, dass Herr K. beruflich nicht erfolgreich gewesen wäre. Im Gegenteil: Nach verschiedenen Berufsstationen hatte er als Geschäftsführer eines großen Milchverbandes eine angesehene Stellung. Aber er betont: »Obwohl ich gerne gearbeitet habe, ein Karrierist war ich nie. Mich haben eben immer auch viele andere Dinge in meinem Leben begeistert.«

Vielleicht gibt ihm gerade diese Tatsache, dass er persönliches Glück außerhalb seines Berufs gefunden hat, heute eine Perspektive. Wir wissen ja alle aus eigener, schmerzlicher Erfahrung, dass es keine Sicherheit im Leben gibt. Und dass uns unsere Liebsten – egal ob Partner oder Kinder – jederzeit verlassen können. Doch die

Dinge und Tätigkeiten, die uns in einen erfüllenden Flow versetzen können, bleiben uns erhalten. Jedenfalls solange damit nicht Leidenschaften wie Gleitschirmfliegen, Höhlentauchen oder Marathonlaufen gemeint sind. Wobei es auch hier Ausnahmen gibt, welche die Regel bestätigen. Etwa die Japanerin Mieko Nagaoka, die als erste 100-Jährige einen Schwimmwettkampf über 1500 Meter Freistil bestritt. Oder der 1911 geborene Franzose Robert Marchand, der mit 102 Jahren den Stundenweltrekord in der Klasse 100+ aufstellte und für den dann auch noch die Klasse 105+ geschaffen wurde; erst 2018, mit 106 Jahren, beendete er seine Radsportkarriere. Oder die ehemalige Nonne Madonna Buder, die 2012 als 82-Jährige einen Ironman in Kanada in 16 Stunden und 32 Minuten beendete und damit die älteste Frau der Welt ist, die je einen solchen Wettkampf erfolgreich bestritten hat.

Die meisten Senioren und Seniorinnen, die ich für dieses Buch interviewt habe, lieben es gemächlicher: Sie malen, entwerfen, golfen, reisen, meditieren, wandern oder spielen Karten. Und dies nicht nur aus »Fun«, sondern durchaus mit einem gewissen Ehrgeiz. Und solange Geist und Körper noch mitmachen, können sie diese Liebhabereien bis ans Lebensende ausüben.

Apropos Liebhabereien: Ich traue meinen Ohren nicht, als mir Herr K. plötzlich, geheimnisvoll lächelnd, verrät: »Ich habe eine heimliche Liebe.« Oha! Gibt es etwa eine Dame, die ihn in diesen für ihn so schwierigen Zeiten tröstet? Kaum habe ich meine Gedanken ausgesprochen, ernte ich einen strengen Blick: »Wo denken Sie hin!«, sagt er mit einem leicht vorwurfsvollen Ton, »es wäre mir nie in den Sinn gekommen, dass ich mich nochmals verlieben könnte. Dieses Thema ist für mich abgeschlossen.«

Nein, es ist keine Frau, die seine Leidenschaft wecken kann. Es ist die Oper, die seine »Emotionen hochleben« lässt. Denn Musik war für Max K., der jahrelang Mitglied im örtlichen Männerchor war, schon immer ein besonderer Glücksbringer. Und einmal mehr glaube ich, zu spüren, welche Tiefe und Emotionalität im Inneren dieses Rosenkavaliers schlummert, wenn er über seine Lieblingskomponisten Verdi, Mozart oder Puccini spricht. »Ich ziehe es vor, einem Konzert zu lauschen, statt im Fernsehen einen Schmarren anzuschauen.« Und natürlich ist das Musikhören für ihn nicht nur ein netter Zeitvertreib. Mit der ihm eigenen Passion hat er die Karrieren großer Sängerinnen und Sänger wie jene von Luciano Pavarotti, »der schönsten Stimme des Belcantos«, oder von Anna Netrebko verfolgt.

Es erstaunt mich nicht, als mir Herr K., fast ein bisschen scheu, gesteht, dass er seine Opern am liebsten »in voller Lautstärke« hört. »Denn nur, wenn ich die Musik in ihrer vollen Kraft fühle, erfüllt sie mich und löst in mir Glücksgefühle aus.« In seinem einsam gelegenen Haus stört er damit garantiert keine Nachbarn.

Mir geht das Herz auf, wenn ich dem alten Herrn zuhöre, der so voller Inbrunst von seinen Lieblingsbeschäftigungen erzählt. Ein bisschen erinnert er mich an meinen verstorbenen Vater. Wie bei ihm täuschte eine gewisse Zurückhaltung und eine beinahe spröde Art über ein liebevolles, fürsorgliches Wesen hinweg. Beiden Männern ist, oder war, eine Emotionalität eigen, die Quelle von Trauer, aber auch großer Freude sein kann. Ist es bei meinem Gesprächspartner die Liebe zur Natur und zu Opern, so waren es bei meinem Vater Literatur, Naturwissenschaften und klassische Musik, die ihn begeisterten und in die er sich stundenlang vertiefen konnte. Seine

Leidenschaft galt allerdings nicht der Oper, sondern den Werken schwerblütiger russischer Komponisten wie Peter Tschaikowsky und Antonín Dvořák. Und so habe ich plötzlich ein typisches Bild meines Vaters vor Augen, wie er am Abend nach der Arbeit in seinem großen Ohrensessel saß und es sichtlich genoss, seine geliebten Klavier- und Violinkonzerte in voller Lautstärke zu hören. Mit geschlossenen Augen und einem glückseligen Lächeln auf dem Gesicht dirigierte er dazu.

Es ist Abend geworden. Und ein Nachmittag, der zwar nett, aber auch wenig emotional begann, hat eine überraschende Wendung genommen. Max K. hat mir einmal mehr gezeigt, wie wichtig es ist, die eigene Welt zu pflegen. Denn diese ist, was bleibt, wenn vieles andere vergeht. Oder uns verlässt.

PS. Heidi K., die geliebte Ehefrau von Max K., ist kurz vor der Fertigstellung dieses Buches Ende Oktober 2018 gestorben. Umso mehr wünsche ich ihm, dass ihm seine geliebten Tätigkeiten immer wieder Glücksmomente verleihen werden.

Max K.s Glücksrezepte

»Konzentriere dich nicht nur auf deinen Beruf und die Karriere, sondern suche dir Dinge und Beschäftigungen, die dich auch im Alter erfüllen können.«

***

»Frage dich schon frühzeitig: Passt die Umgebung, in der ich lebe, zu mir? Gibt sie mir ein gutes Gefühl, und freue ich mich darauf, jeden Abend heimzukommen?«

***

»Je mehr ich mich mit einem Thema auseinandersetze, das mich wirklich interessiert, desto tiefer tauche ich in die Materie ein und desto spannender wird es für mich.«

Die Positive:

Elisabeth, »Bethli«, 89

»Ich habe allen Grund, glücklich zu sein.«

Jedes Mal, wenn ich die alte Dame im Altersheim besuchte, bot sich mir ein ähnliches Bild. Egal ob Elisabeth oder Bethli, wie sie von allen genannt wird, in der Cafeteria oder draußen im lauschigen Gärtchen saß, stets stand sie im Mittelpunkt des Geschehens. Nicht, weil sie besonders auffällig gesprochen, gelacht oder agiert hätte, sondern einfach nur durch ihre Präsenz. Es schien, als würden die anwesenden Bewohner, aber auch das Personal, das am Nachmittag Kaffee und Kuchen servierte, ihre Nähe suchen. Sei es, um neben ihr am Tisch zu sitzen, um ein bisschen zu plaudern, oder auch nur, um mit Bethli Blickkontakt zu halten. Wie hatte mir ihre Tochter Maya im Vorfeld verraten? »Meine Mutter ist so ein bisschen der ›Star‹ im Altersheim.« Was Maya damit genau meinte, spürte ich erst, als mich Bethli das erste Mal ansah. Das Strahlen, das sich auf dem Gesicht der 89-Jährigen ausbreitete, wärmte mir augenblicklich das Herz. Bethli strahlt Glück aus. Und das überträgt sich auf die Menschen in ihrer Umgebung.

Bethli habe ich getroffen, weil Maya, mit der ich locker befreundet bin, mir immer wieder mal von ihrer Mutter vorgeschwärmt hatte. Sie beschrieb Bethli auf solch liebevolle Art und Weise, dass es mir fast schwerfiel, ihr zu glauben. Denn so eng viele Frauen mit ihren Müttern verbunden sind, irgendwann im vertrauten Gespräch mit einer Freundin heißt es doch meistens: »Meine Mutter ist wirklich eine tolle Frau, aber unser Verhältnis ist nicht immer einfach.« Eine durchaus nachvollziehbare Aussage. Und als mir Maya dann auch noch schilderte, dass ihre Mutter der »positivste und glücklichste Mensch« sei, den sie kenne, kamen schon gewisse Zweifel auf, ob die 52-jährige Mutter zweier erwachsener Kinder die eigene Mama nicht ein bisschen zu sehr idealisierte. Eine Vermutung, die sich bei mir noch verstärkte, als Maya mir erzählte, dass sie und ihr Mann

Patrik in ihren Flitterwochen in den USA im Jahr 1990 von Bethli, Patriks Eltern und dessen Bruder Urs »begleitet« wurden. Die Hochzeitsgesellschaft fuhr in zwei Wohnmobilen – man gönnte dem jungen Paar scheinbar doch etwas Intimsphäre – von Los Angeles über San Diego und Las Vegas nach San Francisco. Flitterwochen mit Familienanschluss? Das klingt für mich, ehrlich gesagt, nicht wirklich prickelnd. Meine Ansicht scheinen Maya und ihr Mann Patrik, der ebenfalls sehr familienorientiert zu sein scheint, nicht zu teilen. Ja, es sei sicher etwas ungewöhnlich gewesen, »erweiterte Flitterwochen« zu verleben, aber die Reise sei »super« gewesen. Bethli sei während des fünfwöchigen Trips als ehemalige Metzgerin für die Fleischzubereitung beim Grillen natürlich äußerst wichtig gewesen. Aber noch mehr wurde ihre stets positive und fröhliche Art geschätzt. »Meine Mutter hat viel zu dieser glücklichen Reise beigetragen«, erinnert sich Maya. Und überhaupt sei es für Bethli, die zu diesem Zeitpunkt bereits Witwe war, eine der letzten Möglichkeiten gewesen, eine solch lange Reise zu unternehmen. Wie sieht die 89-Jährige dieses Erlebnis im Rückblick? »Es war toll! Ich habe es sehr geschätzt, dass die Jungen an mich gedacht haben. Diese Reise gehört zu den schönsten Erlebnissen meines Lebens«, schwärmt sie. Hier zeigt sich eines von Bethlis Glücksgeheimnissen: Weil sie an ihre Familie – oder überhaupt ans Leben – keine übertriebene Erwartungshaltung hat, kann sie immer wieder positiv überrascht werden. »Ich habe jeden Tag kleine Glückserlebnisse«, sagt sie mit einem wissenden Lächeln. »Aber dafür muss ich mit offenen Augen und ebensolchem Herzen durchs Leben gehen.«

All die Dinge, die wir uns sehnlichst und oft krampfhaft wünschen, gehen selten in Erfüllung. Diese Erfahrung haben wohl die meisten schon gemacht. So scheint es, als würde uns das Schicksal sagen wollen: Jetzt entspann dich mal, lass locker. Erst dann können sich die Dinge so entwickeln, wie sie sollen, und nicht so wie *du* es willst. Bethlis Gelassenheit dem Leben und den Menschen gegenüber macht nicht nur ihr Umfeld glücklich, sondern natürlich auch die 89-Jährige, die sich immer wieder aufs Neue daran freuen kann, dass sie Schönes erlebt.

Ein solches Strahlen schenkte mir Bethli, als ich mich kurz zuvor bei ihr vorgestellt hatte. Und plötzlich verstehe ich, was Maya gemeint hat, als sie ihre Mutter als »glücklichen Menschen« geschildert hatte. Bethlis Freude über meinen Besuch ist echt und nicht darauf zurückzuführen, dass sie selten welchen bekäme. Im Gegenteil! Im Laufe dieses Nachmittags erfahre ich, wie gern und oft sie besucht wird. Und auch meine Zweifel, ob Mayas Schilderungen über ihre Mutter nicht ein bisschen zu idealistisch gewesen seien, sind verflogen.

Schon als ich ihr das erste Mal gegenübersaß, war diese rüstige alte Dame in ihrer hübschen Bluse, mit den frisch frisierten weißen Haaren und den rosig schimmernden Wangen irgendwie keine Fremde für mich. Vielleicht auch, weil ich durch Mayas Erzählungen schon einiges über sie wusste, vielleicht aber auch, weil ich ihr gegenüber sofort ein vertrautes Gefühl empfand – als würde ich sie schon lange kennen. Oder vielleicht auch, weil sie für mich die Idealbesetzung für die Rolle einer liebevollen Großmutter wäre. »Du solltest deine Mutter als Bilderbuch-Oma vermarkten«, flüstere ich Maya leise zu. Sie lacht und weiß genau, was ich meine. An diesem Nachmittag sitzen wir an einem langen Holztisch in der Cafeteria und sind natürlich nicht allein. Altersheimbewohner und ihre Gäste sitzen in der Nähe und scheinen interessiert unserem Gespräch zu folgen.

Dass Maya bei unseren Treffen dabei ist, hat nichts mit Kontrolle zu tun oder gar mit der Befürchtung, die Mutter könne vielleicht Familiengeheimnisse verraten. Schon nach kurzer Zeit ist mir klar geworden, dass Bethli dies nie tun würde, gäbe es denn überhaupt solche. Nein, die familiäre Begleitung hat auch nichts damit zu tun, dass Bethli manchmal gewisse Zeitabläufe etwas durcheinanderbringt und zeitweise ein bisschen vergesslich ist. Ist dieses teilweise subjektive Erinnerungsvermögen womöglich auch ein Grund für ihr glückliches Wesen? Indem sie sich nur noch an die schönen Dinge des Lebens erinnert? Maya winkt ab. Nein, die Mutter sei schon immer ein positiver Mensch gewesen, genauso wie der früh verstorbene Vater, der auch ein lebensbejahender Mensch, aber eher streng gewesen sei.

Als ich beginne, Bethli über ihre frühen Jugenderinnerungen zu befragen, werden ihre ohnehin schon gelösten Gesichtszüge fast ein bisschen verklärt. Es kommen keine Zweifel auf, wenn die 89-Jährige betont, sie habe nur »gute Erinnerungen« an diese Jahre. Geboren am 7. Mai 1929 sei sie »ein typischer Stier im Sternzeichen, stur, aber liebevoll«. Das Mädchen wuchs – was zu jener Zeit eher ungewöhnlich war – als Einzelkind auf. »Das heißt aber nicht, dass ich mich einsam fühlte«, sagt sie energisch. »Ich war ein Wildfang und hatte viele Freundinnen, mit denen ich am liebsten draußen gespielt habe.« Eine besonders schöne Erinnerung seien die Ausflüge mit dem Vater, der sie regelmäßig auf die Jagd mitgenommen habe. Die Erfolge dieser Exkursionen waren in ihrer Stube gut sichtbar: Hier hingen als Trophäen die Geweihe der geschossenen Tiere. Dass das junge Mädchen keine Berührungsängste mit toten Tieren hatte, zeigte sich auch darin, dass sie eine Ausbildung zur Metzgerin absolvierte. War diese Berufswahl nicht etwas ungewöhnlich für eine junge Frau? »Nein, wieso denn?« Bethli schaut mich etwas erstaunt an und lacht: »Ich mochte Fleisch schon immer gern.« Außerdem habe es keine andere Lehrstelle im Dorf gegeben. Und sie würde ihren Beruf auch immer wieder wählen, denn vor allem der Kontakt zu den Kunden habe ihr gefallen. Sie sei eben »eine Soziale«. Und definitiv auch eine Pragmatische. Diese realistische Einstellung, mit dem, was man hat, glücklich zu sein und keine übertriebenen Wünsche ans Leben, an den Partner und vielleicht sogar ans Universum zu stellen, hat Bethli ihr ganzes Leben lang einen gewissen Halt gegeben. Und tut es heute noch. Ihre typische Bescheidenheit, verbunden mit einem sonnigen Gemüt und ihrem feinen Humor, ist auch im hohen Alter spürbar. Sie verliert diese Ausstrahlung auch nicht, wenn sie von ihrem Mann erzählt, den sie noch vor seinem 60. Geburtstag verloren hat. Er hatte nach drei Herzinfarkten und einer Herzoperation einen vierten, tödlichen Infarkt erlitten. Wie sehr hat sie unter dem Verlust ihres Mannes gelitten? Über Bethlis Gesicht fällt zum ersten Mal während unseres Gesprächs eine Art Schatten. Aber nur für einen kurzen Moment, und schon lächelt sie wieder: »Doch, natürlich habe ich gelitten, aber ich habe mich eben nie gehen lassen, und ich war in meiner Familie und meinem Dorf immer gut aufgehoben und eingebettet.«

Ich spüre, dass Bethli nicht so gerne über diese Zeit reden möchte. Ist die Verdrängung einer für sie traurigen Zeit eine Erinnerungslücke, die auf ihr hohes Alter zurückzuführen ist, oder ist es typisch für Bethlis durch und durch positive Art? Ich frage sie, wie sie ihren Mann Heiri kennengelernt hat. Bethli strahlt wieder, als sie erzählt, dass der »hübsche, flotte junge Mann mit den dunklen Haaren und der guten Figur« immer wieder in die Metzgerei, in der sie 1954 ihre erste Arbeitsstelle nach der Lehre angenommen hatte, einkaufen gekommen war, wenn sie an der Fleischtheke gestanden habe. Und während eines dieser Gespräche habe Heiri sie aufgefordert, doch einmal in den Turnverein zu kommen, in dem er Mitglied war.

Gesagt, getan. Aus der anfänglichen gegenseitigen Schwärmerei wurde bald Liebe. Über das Kennenlernen will die alte Dame nicht viel erzählen. Alles sei »ganz normal« abgelaufen. Das Umfeld hätte Freude gehabt, als sich die Verliebten nach einer einjährigen Verlobung das Ja-Wort gaben. Dies geschah, nachdem die junge Frau zuvor vom Katholizismus zur reformierten Kirche konvertiert war. Ein folgerichtiger Schritt. Schon wegen der Kinder, auf die man gemeinsam hoffte.

Zwei wurden es. Kurt, heute 60, und Maya hätten ihr immer »viel Freude gemacht«, sagt Bethli. Und Maya ergänzt: »Ja, ihr wart aber auch tolle Eltern«, nur dass der Papi manchmal »etwas streng« gewesen sei. Die Eltern teilten sich nicht nur das Hausmeisteramt in der örtlichen Schule, die vierköpfige Familie wohnte auch im Schulhaus. War dies nicht eine schwierige Situation? Denn Hausmeister, egal ob männlich oder weiblich, gelten oft als streng und auf Disziplin bedacht. »Das einzig Negative, an das ich mich erinnern kann, war, dass ich meinen Schulweg nicht mit Freundinnen teilen konnte«, lacht Maya. Und auch der Beruf ihrer Eltern war für sie kein Problem. »Mein Vater wurde von den Schülerinnen und Schülern zwar respektiert, aber man hatte ihn auch gern.« Dass die Mutter quasi immer vor Ort gewesen sei, habe sie nur als positiv erlebt. Durch die Nähe zwischen dem Arbeitsort und dem Zuhause sei es meistens möglich gewesen, die Mahlzeiten gemeinsam einzunehmen. »Es war für mich wichtig, dass Mami für mich da war«, erinnert sich Maya. »Das hat mir ein Gefühl von Geborgenheit gegeben.« Ein Gefühl, das schon Bethli bei ihren Eltern und Großeltern erlebt hatte und das Maya und Patrik ihren zwei Kindern weitergegeben haben. Im Elternhaus der Familie wurde Gastfreundschaft immer großgeschrieben. »Meine Mutter kochte wochentags nicht nur für meinen Vater, meinen Bruder und mich, am Wochenende reisten die Großeltern mütterlicherseits an, und die Mutter des Vaters aus unserem Ort war ebenfalls eingeladen.« Die fleißige Bethli kochte dann immer für alle.

Gut möglich, dass die Positivität, die in dieser Familie herrscht, vor allem darauf gründet, dass untereinander eine so große Nähe und Fürsorge herrscht, die organisch über die Generationen hinweg gewachsen ist. Viele Familienmitglieder wohnen noch im Dorf und schätzen die Wurzeln, die sich so über die Jahrzehnte gebildet haben. Hier kann man sich nicht nur auf den engsten Familienkreis, sondern auch auf die dörfliche Gemeinschaft verlassen. Das habe sich insbesondere nach dem Tod des Vaters gezeigt, erinnert sich Maya. Und Bethli ergänzt: »Ich habe nie gewartet, dass die Menschen zu mir kommen, sondern ich bin immer offen auf sie zugegangen, auch wenn es mir nicht so gut ging wie nach dem Tod von Heiri.« Dass sie immer »ein aktives Leben« geführt habe und zum Beispiel auch Präsidentin des Turnvereins gewesen sei, habe ihr geholfen, sich mit neuen Realitäten zurechtzufinden. »Der Tod ihres Mannes hat Bethli auch neue Freiheiten eröffnet«, fügt Maya leise an. Die Mutter habe von diesem Zeitpunkt an ein unabhängigeres Leben geführt. Hat dies auch zu neuen Freundschaften oder gar zu einer neuen Beziehung geführt? Obwohl Bethli gewisse Fragen nicht immer auf Anhieb versteht, »die Ohren wollen manchmal nicht mehr so richtig«, hat sie diese Frage, die ich eigentlich an Maya gestellt habe, genau verstanden und antwortet umgehend: »Nein, es gab nie einen anderen Mann in meinem Leben. Warum auch? Ich brauchte nach dem Tod von Heiri keinen Mann mehr, um glücklich zu sein.« Dass dies auch damit zusammenhängt, dass ihre Tochter sie fast jeden Tag im Altersheim besucht, ist offensichtlich. Für Maya ist dies »völlig natürlich«. Nicht weil Bethli das von ihr erwarten würde, sondern weil sie das einfach gerne mache. »Meine Mutter ist nicht nur für mich, sondern auch für ihre vier Enkel ein Vorbild. Sie klagt nie, auch wenn es ihr mal gesundheitlich nicht so gut geht, und sie hat selten einen schlechten Tag, und wenn, dann macht sie das mit sich aus. Und vielleicht das Schönste ist, dass sie so oft und gerne lacht.«

Mit 87 Jahren ist Bethli aus der eigenen Wohnung ins Altersheim gezogen, nachdem sie einige Male gestürzt war, sich einen Wirbelbruch zugezogen hatte und ein Korsett tragen musste. Weil sie keine fremde Hilfe im Haushalt wollte, war sie einverstanden, quasi übergangsmäßig, bis sie wieder gesund war, ins Alters- und Pflegeheim zu ziehen. Schon nach kurzer Zeit beschloss Bethli: »Mir gefällt's hier, ich bleibe da.« Ein solcher Umzug, der für viele alte Menschen mit einer gewissen Angst, mit Unsicherheit und Trauer verbunden ist, ging, wie könnte es anders sein, unkompliziert vonstatten. Bethli lebte sich rasch ein und lernte schnell die positiven Seiten ihres neuen Zuhauses schätzen: Es ist klein und übersichtlich, befindet sich mitten im Dorf – auch wenn die alte Dame nicht mehr allein zum Einkaufen gehen kann –, und sie kennt viele der Bewohner schon von früher. Das wohl wichtigste Argument fällt allerdings am Schluss unseres Gesprächs: »Alle haben mich gern hier.« Und schelmisch lächelnd fügt sie hinzu: »Keine Ahnung, wieso das so ist.«

Für mich ist das absolut keine Frage.

»Bethlis« Glücksrezepte

»Ich fordere nichts vom Leben, das mir vielleicht zustehen könnte, sondern freue mich über alles, was mir geschenkt wird.«

***

»Ich habe jeden Tag kleine Glückserlebnisse. Aber um diese zu erkennen, muss ich mit offenen Augen und ebensolchem Herzen durchs Leben gehen.«

***

»Ich bin immer auf andere zugegangen, habe nicht gewartet, dass jemand auf mich zukommt. So habe ich auch in schwierigen Zeiten Hilfe und Unterstützung bekommen.«

***

»Ich bin neugierig und offen und lehne fremde Dinge nicht grundsätzlich ab. Als ich gemerkt habe, dass ich mich im Altersheim wohlfühle, habe ich den Sprung in ein neues Leben ohne Wehklagen gewagt.«

***

»Nach dem frühen Tod meines lieben Mannes habe ich mich nicht abgekapselt, sondern gelernt, neue Dinge auszuprobieren. Bald habe ich diese Freiheiten schätzen gelernt.«

***

»Einen Teil meiner positiven Art habe ich sicher geschenkt bekommen. Ich habe dieses Geschenk aber stets gepflegt und mich bemüht, in diesem Sinn zu leben.«

***

»Ich bin eine Menschenfreundin. Die Liebe, die ich gebe, kommt zu mir zurück.«

Die Lebenskünstlerin:

Margot, 100

»Ich feiere mein Leben jeden Tag.«

Es ist High Noon im Gartenrestaurant des eleganten Golfclubs, der hoch über der Stadt liegt. Den jungen Kellnern stehen Schweißperlen auf der Stirn, während sie bei etwa 35 Grad im Schatten eisgekühlte Getränke und leichte Sommergerichte servieren. Heute ist Damentag im Club. Doch die anwesenden Golferinnen haben keine Augen für die Aussicht auf den nahen Golfplatz. Die Aufmerksamkeit gilt, wenn auch etwas verstohlen, einem prominenten Mitglied des traditionsreichen Clubs: Sie posiert auf dem grünen Rasen vor dem Clubhaus für einen Fotografen.

Während mir trotz Sonnenschirm immer heißer wird, scheint das Model keinerlei Probleme mit der Hitze zu haben. Immer wieder nimmt es eine andere Pose ein, bis der Fotograf erschöpft, aber zufrieden aufgibt: Ihm scheint zu gefallen, was er auf seinem Kameradisplay sieht. Unterwegs zu meinem Tisch macht die ältere Dame noch an dem einen oder anderen Tisch halt, um sich kurz mit den Golferinnen zu unterhalten.

»Das hat mir jetzt gut gefallen«, sagt Margot lächelnd, nachdem sie sich zu mir gesetzt und ein kaltes Mineralwasser bestellt hat. Sie sieht so frisch und fit aus, als käme sie gerade aus einer Kühlbox und nicht von einem Shooting unter der gleißenden Mittagssonne. Margot wirft einen flüchtigen Blick auf die Speisekarte. Als langjähriges Clubmitglied weiß sie, was sie hier kulinarisch erwarten kann. Als wenig später der bestellte kalte Teller vor ihr steht, ist sie allerdings nicht ganz zufrieden: »Ich habe eine halbe Portion bestellt und keine ganze!«, sagt sie in leicht vorwurfsvollem Ton zum jungen Kellner, der heute seinen ersten Arbeitstag hat, wie er mir während Margots Fotoshooting erzählte. Aber die kleine Verstimmung dauert nur kurz, und sie sagt in munterem Ton zu mir: »Komm, wir duzen uns doch. So wird das Reden unkomplizierter. Und, was willst du jetzt von mir wissen?«

Ziemlich viel, antworte ich fast etwas zu schnell. Irgendwie muss ich den Auftritt von Margot noch ein bisschen verdauen. Ich wusste natürlich von den Beschreibungen – oder eher Schwärmereien – ihrer um viele Jahre jüngeren Freundinnen, dass die 100-Jährige eine »außergewöhnliche Frau« sei. Und dies nicht nur wegen ihres äußerst gepflegten Äußeren und ihrer körperlichen und geistigen Fitness. Mehrfach und von verschiedener Seite war mir ans Herz gelegt worden, mich mit Margot zu treffen – wegen ihrer Ausstrahlung und vor allem wegen ihrer »unglaublichen Lebenskraft«: Sie sei »der Prototyp einer glücklichen Frau«, die ihre Positivität nie verloren habe, und zwar trotz einiger schwerer Schicksalsschläge, die sie in ihrem langen Leben erleiden musste.

Margots Alter zu schätzen – hätte ich es im Vorfeld nicht gewusst –, wäre mir schwergefallen. Denn auch aus der Nähe betrachtet, sieht sie irgendwie alterslos aus. Sie trägt ein elegantes, sommerliches Outfit inklusive trendiger Sonnenbrille. Das dezente Make-up bringt ihre zart gebräunte Haut zum Strahlen. Von der Statur her klein und zierlich lassen ihre sehr aufrechte Haltung und ihr geschmeidiger, schneller Gang darauf schließen, dass Bewegung in ihrem Leben eine wichtige Rolle spielt und gespielt hat. Bis vor Kurzem spielte Margot noch regelmäßig Golf. »Körperliche und geistige Aktivität sind für mich die Grundlage für mein persönliches Glück und Wohlbefinden. Sie ermöglichen es mir, trotz meines hohen Alters immer noch ein selbstbestimmtes Leben zu führen. Denn ich will meiner Familie nie zur Last fallen.«

Und so wohnt die alte Dame auch nach dem Tod ihres Mannes und dem Auszug ihrer zwei Töchter und ihres Sohnes noch immer in der herrschaftlichen Familienvilla in einem schönen und ruhigen Wohnquartier etwas außerhalb der City. Fühlt sie sich in diesem großen Haus nicht manchmal einsam? »Nein, überhaupt nicht«, sagt Margot bestimmt. »Hier wohnen zu können, bedeutet für mich ein großes Glück. Mein Haus ist für mich lebendig und voller Erinnerungen, denn ich spüre meinen verstorbenen Mann Max in jedem Zimmer. Und aus diesen Gefühlen ziehe ich täglich neue Kraft.« Und außerdem sei bei ihr ohnhin immer etwas los. »Ich habe oft Besuch, und wenn die Kinder kommen, hat jedes noch sein eigenes Zimmer.« Zudem sei sie alles andere als eine ängstliche Person. Da sie als junges Mädchen immer »die Kleine und Feine« in der Familie gewesen sei, habe sie lernen müssen, sich durchzusetzen, sagt Margot selbstbewusst.

Dieses Selbstbewusstsein zeigte sich bereits, als sie nach dem Fotoshooting nicht direkt zurück an meinen Tisch kam, sondern ziemlich lässig hier und da einen Halt einlegte. Und dabei wirkte sie nicht wie ein Gast, sondern eher wie die Gastgeberin in diesem Lokal. Darauf angesprochen sagt Margot augenzwinkernd: »Nun ja, schließlich bin ich hier seit 71 Jahren Vollmitglied, da kennt man sich.« Und als sogenannte Ehrendame müsse sie ja glücklicherweise in den nächsten 20 Jahren keinen Mitgliedsbeitrag mehr bezahlen, sagt sie mit einem schelmischen Lächeln.

Margot habe einen guten Humor, sie sei gebildet und bodenständig und vor allem durch und durch positiv, hatte man mir vor diesem Treffen erzählt. Auf meine Frage, wie sie ihr jetziges Lebensgefühl beschreiben würde, sagt die alte Dame: »Ich empfinde mich als sehr glücklichen Menschen, denn ich nehme all das Gute und Schöne, das mir widerfährt, nie als selbstverständlich.« Und schließlich sei sie auch »eine Frau mit Prinzipien«. Und wie sehen diese aus, will ich wissen? Die Antwort kommt wie aus der Pistole geschossen. »Erstens: Disziplin. Ich lasse mich nie gehen. Zweitens: Ich sage nie aus Unlust oder Bequemlichkeit ›Nein‹, wenn man auf mich zählt. Und Drittens: Ich fordere nie etwas. Weder von meinen Freunden noch von meiner Familie.«

Wobei wir bei Margots Lieblingsthema sind: der Familie, die sie als »ihr größtes Glück« bezeichnet und deren Mitglieder überall auf der Welt leben. Am 17. Mai 2018, Margots 100. Geburtstag, kamen alle zusammen, um ein viertägiges Fest zu feiern: Margots zwei Töchter und ihr Sohn mit ihren Partnern, die neun Enkel inklusive Begleitung und ihre 24 Urenkel. »Wir waren 49 Familienmitglieder, Jung und Alt, mit den verschiedensten kulturellen Hintergründen«, schwärmt sie, immer noch sichtlich begeistert. Da Margots Familie jüdisch ist, wurde Hebräisch, Ivrit, Englisch, Deutsch und Schweizerdeutsch gesprochen. Auch wenn es dann und wann eine sprachliche Verständigungsschwierigkeit gegeben habe, sei das völlig unwichtig gewesen, »denn unsere Herzen haben für uns gesprochen«. Und was für Margot besonders wichtig war: »Ich habe während dieser ganzen Zeit, in der wir zusammen waren, kein böses Wort gehört. Und ich habe gute Ohren«, lacht sie vergnügt.

Mit den viertägigen Festlichkeiten zu ihrem 100. Geburtstag war es aber noch lange nicht getan. »Ich wollte mein Leben feiern mit allen Menschen, die für mich wichtig sind.« Und so wurde nicht nur in Margots Zuhause mit Nachbarn und Freunden angestoßen, auch mit den Golffreunden und -freundinnen im Club wurde gefeiert. In der Synagoge, die Margot regelmäßig besucht, hielt der Rabbi eine Rede auf das Geburtstagskind, die sie »sehr berührt« habe. Auch in Israel knallten die Korken für die Geburtstagslady. War dieses Programm, das sich über Wochen hinzog, nicht zu anstrengend für sie? Schon jemand, der halb so alt ist wie Margot, müsste diese Strapazen doch spüren? »Nein, überhaupt nicht, und sonst wäre mein Prinzip Nummer zwei zum Tragen gekommen«, sagt sie ziemlich cool.

Eigentlich sei jeder Tag, den sie fit und fröhlich leben dürfe, ein persönlicher Festtag für sie. Dass das Leben begrenzt ist und dass man darum jede Minute genießen sollte, wurde Margot von ihrem langjährigen Ehemann Max vorgelebt, mit dem sie 32 Jahre eine »großartige Ehe« geführt habe. Max, der älter als sie war, sei »ein äußerst feiner Charakter« gewesen, »ein totaler Familienmensch. Wir haben ausgezeichnet harmoniert«, sagt Margot. Doch nicht nur privat verstand sich das Paar bestens. Margot unterstützte ihren Mann auch beruflich tatkräftig in der familiengeführten Konfektionsfirma.

Aha, darum also das geschmackvolle Outfit, das ich bereits am Anfang unseres Treffens bewundert hatte.

»Ich habe Max von ganzem Herzen geliebt, und dieses Glück, das ich lange Jahre mit ihm erleben durfte, gibt mir auch heute noch die Kraft, jeden Tag neu anzupacken«, sagt Margot bestimmt. Und Kraft brauchte das Paar schon früh in ihrer Beziehung, denn Max litt an einer schweren Form von Tuberkulose, die auch Auswirkungen auf das gemeinsame Leben hatte. Nach der Heirat im Jahr 1946 durfte Margot nicht schwanger werden, denn Max' Krankheit hätte sich auf die Gesundheit eines Babys auswirken können. »Doch meine Liebe zu meinem Mann war so groß, dass ich, obwohl ich sehr kinderliebend war, sogar darauf verzichtet hätte.« Nachdem sie drei Jahre verheiratet waren, kam glücklicherweise ein neues Medikament auf den Markt, welches Max das Leben retten sollte. »Diese Jahre der Krankheit waren für uns sehr schwierig, aber ich unterstützte ihn mit meiner ganzen Kraft und Liebe, damit er wieder gesund werden konnte.« Und Max habe ihr gezeigt, wie wertvoll jede gemeinsame Stunde war. Der Weg zu einem gesunden Leben war kein Spaziergang. So musste Max bespielsweise täglich 10–15 Tabletten gegen die Tuberkuloseerkrankung schlucken. Doch es gab ein glückliches Ende: Max wurde geheilt und konnte die nächsten 20 Jahre seines Lebens gesund und beschwerdefrei leben.

Nach Max' Genesung wurde Margot schwanger und brachte 1952 im Krankenhaus ein Mädchen zur Welt. Drei Tage nach der Geburt merkte die junge Mutter, dass etwas mit dem Neugeborenen nicht stimmte. »Wir waren verzweifelt, und ich konnte nicht fassen, dass ich nach den jahrelangen Sorgen um meinen Mann jetzt erneut vom Schicksal geprüft wurde. Doch auch in diesen schweren Tagen, in denen man nicht wusste, warum meine Tochter so krank war, habe ich den Mut nicht verloren.« Die Ursache für das schlechte Befinden des Kindes wurde schließlich gefunden: Die Hebamme hatte das Baby während der Geburt mit einer Angina angesteckt. Doch diese Diagnose kam zu spät, und alle Bemühungen, das Leben des Babys zu retten, scheiterten. Margot und Max verloren ihre Tochter.

Nach dieser Tragödie war es Margot nicht einmal vergönnt, zu Hause um diesen Verlust zu trauern. Denn sie litt unter einer schmerzhaften Brustentzündung, die es nötig machte, dass sie noch weitere vier Wochen im Krankenhaus bleiben musste. Und nach ihrer Entlassung warteten »weitere Herausforderungen«, wie Margot es nennt. »Wir waren kurz nach der Geburt in eine neue Wohnung gezogen, und diese musste jetzt eingerichtet werden.« Und kaum wieder zu Hause wurde Margots geliebter Hund, der erst einjährige Blacky, plötzlich schwer krank. Er war von einem Tag auf den anderen gelähmt. »So hatte ich eine neue Aufgabe. Ich trug nicht mein neugeborenes Baby auf den Armen herum, sondern meinen jungen, kranken Hund«, sagt sie mit einem leicht ironischen Lächeln. Glücklicherweise war die Lähmung vorübergehend, und Blacky wurde wieder gesund.

Der Kinderwunsch des Paares ging letztendlich doch noch in Erfüllung: 1954 kam Tochter Madeleine zur Welt, ein Jahr danach Denise und ein weiteres Jahr später Hugo. Dass Krankheiten in der Familie immer wieder ein Thema waren, zeigte sich auch, als Margot mit 53 Jahren an Brustkrebs erkrankte. Sie spricht nicht über ihre eigenen Ängste und Befürchtungen, die sie in dieser Zeit plagten, sondern erzählt bewundernd über ihren verstorbenen Mann: »Obwohl Max ein großer Ästhet war, sagte er vor meiner Brustamputation: ›Du bist für mich die schönste Frau, mit oder ohne Brüste.‹« Einmal mehr bin ich überrascht, wie offen die alte Dame auch über diesen Lebensabschnitt spricht. Margot ist eine echte Kämpferin.

Ist es Zufall oder ein gemeinsamer Nenner, dass bei all den Menschen, mit denen ich für dieses Buch gesprochen habe, die Beziehung zum Partner oder zur Partnerin eine der wichtigsten Grundlagen für das Lebensglück sind oder waren? Auch wenn das Zusammenleben Kompromisse erforderte und nicht immer nur eitel Sonnenschein war, ist die tiefe Liebe und Verbundenheit auch Jahrzehnte nach dem Ableben des Partners noch spürbar. Einige der Porträtierten fanden in (sehr) reifem Alter ein neues Liebesglück. So auch Margot, die sich dabei allerdings Zeit ließ. Zwischen 60 und 70, also zehn Jahre nach dem Tod ihres geliebten Max, blieb sie allein. Und genoss diese Phase auch. Hatte sie nicht Bewunderer? Margot überhört meine Frage geflissentlich und sagt nur: »Für mich stimmte mein Leben damals. Ich war nie einsam, sondern im Kreise meiner Familie und meiner Freunde eingebettet.« Außerdem sei sie wählerisch gewesen, »vor allem, was Männer betraf«.

Doch dann erlebte Margot ein zweites Glück mit einem ehemaligen Schulkollegen, einem Witwer, dessen Frau sie auch gekannt hatte. »Es war eine wunderbare Freundschaft voller Gefühle und Leidenschaft«, schwärmt sie wie ein junges Mädchen. Und auch hier zeigen sich gewisse Parallelen zu den anderen Protagonisten in diesem Buch. Die erste, meist langjährige Ehe war oft durch gemeinsame Pflichten und die Verantwortung für die Familie und den Beruf geprägt. Die zweite Beziehung, die nach dem Tod des Partners eingegangen wurde – die allerdings nur in wenigen Fällen in eine zweite Ehe führte –, wurde unbeschwerter und freier gelebt. Und manchmal auch gefühlvoller: mit Leidenschaft, Verliebtheit und Herzklopfen.

Dabei war es den meisten Porträtierten wichtig, zu betonen, dass diese zwei Beziehungen nicht vergleichbar waren. »Das waren zwei verschiedene Paar Schuhe«, sagt auch Margot bestimmt. »Man kann eine langjährige und gute Ehe nicht mit einer schönen Freundschaft in reifem Alter vergleichen. Aber beide haben mich glücklich gemacht.«

Nachdem ihr Freund nach einigen Jahren Beziehung an einer Krebserkrankung verstarb, verfiel die lebenstüchtige Dame nicht in unendliche Trauer. »Natürlich hatte ich ein Tief und war sehr traurig«, sagt Margot, »aber einmal mehr halfen mir mein starker Wille und meine Positivität über den Verlust hinweg. Denn ich hatte ja das Glück, eine neue Liebe leben zu dürfen, wenn auch nur für eine gewisse Zeit. Und dafür war ich sehr dankbar.« Trotz aller Stärke, die Margot immer wieder aufbringen konnte: War Selbstmitleid nie ein Thema für sie? Verständlich wäre es ja gewesen. Sie musste ihr erstes Kind begraben, ihren Ehemann und auch ihren geliebten Freund. »Nein, das wäre für mich nie eine Option gewesen«, sagt sie mit fester Stimme. »Mit Selbstmitleid hätte ich mich selbst gelangweilt. Das Leben ist damals weitergegangen und tut es für mich hoffentlich noch ein bisschen länger.« Doch sie fügt an: »Ich will nicht verschweigen, dass es schmerzhaft für mich ist und war, in meinem langen Leben so viele Menschen, Familienangehörige und Freunde zu verlieren. Aber die Erinnerungen bleiben lebendig. Und dass ich diese immer wieder spüren kann, ist für mich ein Geschenk.« Eine Frage, die mich immer wieder beschäftigt, will ich Margot am Ende dieses aufschlussreichen Gesprächs noch stellen: Wird man nach so vielen Tiefschlägen und Verlusten, die man in einem solch langen Leben erleiden muss, mit der Zeit nicht immer dünnhäutiger? Margot schaut mich lange an, fast habe ich das Gefühl, dass sie durch mich hindurchsieht und ihre Antwort eigentlich gar nicht mir gilt: »Das mag bei sensiblen Menschen, die oft am Leben leiden oder bei Schicksalsschlägen verzweifeln, vielleicht so sein. Ich gehöre nicht zu ihnen, denn ich habe die Gabe oder die innere Kraft, all das Glück, das mir geschenkt wurde, höher zu gewichten als das Unglück.«

100 Jahre Leben. Für manchen undenkbar. Für Margot Grund, dankbar zu sein. Denn, wie sagte sie zu mir an diesem heißen Sommertag: »Ich feiere mein Leben jeden einzelnen Tag. Und dafür musste ich nicht ein Jahrhundert alt werden. Das habe ich in meinem Leben so oft gemacht, wie es nur möglich war.«

Margots Glücksrezepte

»Lass dich nie gehen und bade nicht in Selbstmitleid. Damit langweilst du nicht nur dich selbst, sondern auch dein Umfeld.«

***

»Selbst in den dunkelsten Tagen meines Lebens habe ich nie aufgehört, zu hoffen, dass alles wieder gut kommt. Und irgendwie ist das auch passiert, selbst wenn es manchmal etwas gedauert hat.«

***

»Die Liebe zu meinem Mann, zu meiner Familie und zu meinen Freunden ist und war für mich immer eine Quelle der Kraft und des Glücks.«

***

»Körperliche und geistige Fitness sind die Grundlage für meine Selbstständigkeit und meine Unabhängigkeit. Natürlich kann man nicht alle Faktoren beeinflussen, damit dies möglichst lange so bleibt, aber eine gewisse Disziplin hilft.«

***

»Feiere die Feste, bis du selbst fällst.«

Die Aufgeschlossene:
Ruth, 91

»Ein erfülltes Leben bis zuletzt.«

Der Termin für unser Gespräch war bereits vereinbart. Sowohl Ruth als auch ich freuten uns auf das baldige Wiedersehen. Ich hatte die Mutter meines Freundes Walter, der als Fotograf die Porträtbilder für dieses Buch schuf, schon sehr lange Zeit nicht mehr gesehen. Aber wir standen per E-Mail und Facebook in regelmäßigem Kontakt. Obwohl die pensionierte Apothekerin bereits über 90 war, fühlte sie sich noch immer unglaublich fit – sowohl geistig als auch körperlich. Und ich musste oft schmunzeln, wenn Ruth auf Facebook ein Posting oder eines meiner Fotos humorvoll kommentierte.

Wenn es eine Person gab, die unbedingt in dieses Buch gehörte, dann war es Ruth, darin waren sich Walter und ich einig. Und Ruth fand die Idee toll und freute sich darauf, Teil dieses Projektes zu werden. Außerdem verband uns eine jahrzehntelange gemeinsame Vergangenheit. Walter und ich waren gemeinsam aufgewachsen – unsere Eltern waren Nachbarn und auch befreundet. Während seine Familie in einer für mich riesigen »Pippi-Langstrumpf-Villa« mit großem Umschwung lebte, wuchs ich gleich nebenan eher bescheiden in einem Mietshaus der 1950er-Jahre auf. Walters und meine Wege trennten sich als Teenager, und es dauerte viele Jahre, bis diese bei einem Klassentreffen wieder zusammengeführt wurden. Sehr zur Freude von Ruth, denn ab diesem Zeitpunkt standen wir regelmäßig in Kontakt.

Ich hatte Ruth immer sehr gemocht. Sie war ein »echter Feger«, wie mein Vater die kleine und zierliche Ruth genannt hatte. Ruth hatte, neben einem starken Willen, unglaublich viel Energie. Ruth war das Herz der Familie, zu der neben ihrem Mann Kurt und meinem Klassenkameraden Walter noch zwei weitere lebhafte Jungs – Kurt junior und Peter – sowie die Dackeldamen Dixie und gehörten. Bewundert hatte ich Ruth schon als Mädchen, vor allem wegen ihrer beruflichen Selbstständigkeit, in den 1960er-Jahren nicht gerade die Regel in einer Kleinstadt: Gemeinsam mit ihrem Mann führte sie die familieneigene Apotheke im Jobsharing. Abwechselnd kümmerte sich das Paar um die Familie samt Haushalt und um das Geschäft, eine durchaus herausfordernde Arbeit.

Nicht nur in jungen Jahren hatte ich Ruth als starke und unvoreingenommene Persönlichkeit wahrgenommen. Mich beeindruckte ihre Gabe, sich ausgezeichnet in ihr Gegenüber einfühlen zu können, und zwar ohne Vorurteile oder Besserwisserei. Und obwohl Ruth eine intelligente und lebenserfahrene Frau war, gab sie einem nie das Gefühl, dass sie die Wahrheit mit Löffeln gegessen hätte. Ihre Weltoffenheit zeigte sich unter anderem darin, dass sie selbst in hohem Alter keine Tabuthemen kannte. Egal ob es sich um Aids, Homosexualität oder Drogen handelte: Ruth war stets informiert und hatte ihre eigene Meinung. Auch Computer, Kunst, Musik, Fotografie und Politik interessierten sie.»So hatte sie auch zu Präsident Trump eine dezidierte Meinung«, erzählt Walter. Es brauchte keine Nachfrage, wie diese bei dieser weltoffenen Frau wohl ausgesehen hatte.

Hätte man mich vor sechs Monaten gefragt, welche meiner Porträtierten, neben Margot, wohl den 100. Geburtstag feiern könnte, wäre meine Antwort gewesen: natürlich Ruth! Obwohl sie seit einiger Zeit – auf eigenen Wunsch – in einem Alters- und Pflegeheim lebte, liebte sie einerseits ihre Unabhängigkeit, andererseits aber auch die Zeit mit ihrer Familie. So genoss sie die gemeinsamen Kurzferien mit ihren Söhnen und die Zeit mit ihren geliebten

Enkeln und Urenkeln. Seit sie Mitte 80 war, las die stets gut informierte Ruth Zeitungen und Magazine nur noch online. Mit ihrer Familie und mit Freunden kommunizierte sie per E-Mail und in den sozialen Medien. Und auch was Digitalfotografie und Computerspiele betraf, konnte ihr niemand so schnell etwas vormachen.

Doch aus heiterem Himmel erlitt sie während der Zeit, in der ich an diesem Buch arbeitete, aber vor unserem vereinbarten Treffen, einen Darmverschluss, und durch eine Verkettung unglücklicher Umstände wurde aus der gesunden Ruth innerhalb kurzer Zeit eine schwerkranke Frau, die den Wunsch äußerte, in Frieden sterben zu können. Für sie war das Leben vollendet. Ruths Entscheidung war für ihre Familie nicht einfach zu akzeptieren, sie hatten Ruth doch immer als Kämpferin erlebt, deren Energien schier unendlich schienen. Und jetzt wollte sie aufgeben? Doch Ruths Wille wurde respektiert.

»Selbst als ihr Tod unausweichlich wurde, blieb meine Mutter stark und gefasst«, erzählt Walter. Ihr sei wichtig gewesen, dass ihre Liebsten wussten, dass sie dankbar und glücklich über ihr erfülltes Leben mit ihrer »wundervollen Familie«, wie sie sagte, gewesen sei. Vielleicht war eben diese Erfüllung, die keine weitere Fortsetzung verlangte, der Grund, dass Ruth keine Trauer oder Angst vor dem Tod verspürte. In ihren letzten Tagen und Stunden sei sie ruhig, zufrieden und beinahe sachlich gewesen. Ihr Wunsch, friedlich einzuschlafen, wurde erfüllt. Und so hatte Ruths Leben auch in ihrem Tod einen für sie glücklichen Abschluss gefunden.

Leb wohl, liebe Ruth!

Ruths Glücksrezepte

Da Ruth vor unserem Gespräch für dieses Buch verstarb, kann ich sie nicht zitieren. Aber ein paar Aussagen, die ich bei der Abdankungsfeier über sie hörte, geben Hinweise darauf, wie Ruth war und wirkte:

»Mit ihrem großzügigen und liebevollen Wesen, ihrer Tiefgründigkeit und ihrem Humor nahm Ruth die Menschen sehr schnell für sich ein. Mit der ihr eigenen Großherzigkeit setzte sie sich auch für jene ein, die nicht auf der Sonnenseite lebten.«

***

»Ruth war eine tiefgründige und interessante Gesprächspartnerin, auf deren Meinung Wert gelegt wurde.«

***

»Ruth hatte so viel Kraft, und diese hat sie immer weitergegeben.«

Mehr Mut zum Glücklichsein!

»Ich bin ein Glückskind«, sagt der 91-jährige Paul. Und die 100-jährige Margot feiert ihr Leben »an jedem einzelnen Tag«. Alte Menschen haben mir während der vergangenen zwölf Monaten ihre ganz persönlichen Glücksgeheimnisse verraten. Die Offenheit, mit der mir diese Seniorinnen und Senioren begegnet sind, und die Ehrlichkeit, mit der sie mir diese Einblicke gewährten, haben mich sehr berührt. Und sie haben mich auch veranlasst, immer wieder selbst innezuhalten, um mein eigenes Leben zu reflektieren. Denn, wie wir alle wissen, dauert es kaum einen Wimpernschlag und man ist selbst alt. Und man fragt sich, wo all die Jahre geblieben sind. Wenn ich etwas aus meinen Gesprächen gelernt habe, dann dies: Es braucht manchmal Mut, eingefahrene Denkmuster und ausgetretene Lebenswege zu verlassen, um sich selbst die Chance zu geben, das Glück dort zu entdecken und zu erobern, wo man es vielleicht nie vermutet hätte.

Während meiner Recherchen zu diesem Buch wurde ich auch an meine verstorbenen Eltern erinnert. Manchmal machte mich das glücklich, manchmal aber auch wehmütig. Wenn der sonst eher spröde Rosenliebhaber Max voller Leidenschaft von seinen Lieblingsopern schwärmte, sah ich meinen alten Vater vor mir, wie er in seinem Lieblingssessel mit geschlossenen Augen Tschaikowskis Klavierkonzert dirigierte. Für beide Männer bedeutete und bedeutet diese Form des (lautstarken) Musikgenusses Glück pur.

Und den Willen, das Vertrauen und die Positivität, die es braucht, um auch in schwierigen Lebensphasen immer wieder das Glück herauszufordern, haben mir nicht nur die hier porträtierten alten

Damen aufgezeigt. Auf diese Weise hat mir auch meine Mutter bis zu ihrem Tod mit 93 Jahren vorgelebt, dass man sich in jeder Minute entscheiden kann, ob das Glas des Lebens nun halb voll oder halb leer ist. Für eine Tochter wie mich, die von ihrem Naturell her eher zu einer gewissen Melancholie neigt, war die Frohnatur meiner Mutter manchmal nicht einfach zu ertragen. Denn es gibt doch auch ein Recht auf Seelenschmerz oder nicht? Dies dachte ich jedenfalls, als ich jünger war, bis ich erkannte, dass meine Mutter durchaus ihre schweren Zeiten hatte, die sie nicht verdrängte. Aber genau diese Phasen bestärkten sie, vermehrt auf all die guten Dinge zu achten, die es selbst in diesen Zeiten gab. Und all die typischen Dinge, die sie bereits als jüngere Frau ausgezeichnet hatten – ihre Freude an allem Schönen, ihre Neugierde, ihre Disziplin, ihre Energie und ihre Fürsorge Schwächeren gegenüber –, hat sie bis ins hohe Alter nie verloren.

Nachdem sie nicht mehr in ihre alltäglichen Pflichten als Hausfrau und Mutter eingespannt war, hatte sie endlich Zeit, sich all jenen Dingen zu widmen, die sie glücklich machten. Neben ihren Kindern und Enkeln waren dies ihr soziales Engagement, ihre Leidenschaft für Blumen und Pflanzen und das Reisen. Eigensinnig und selbstständig wie sie war, wäre ein Umzug in ein Alters- oder Pflegeheim für sie nie infrage gekommen. Und so war es ihr letztes und vielleicht größtes Glück, dass sie ihre letzte Reise von ihrem eigenen Bett aus antreten durfte.

Je älter ich selbst werde, desto glücklicher bin ich, dass ich mich in vielem, was meine Mutter ausmachte, heute wiedererkenne.

Und manchmal ist auch mein Glas halb voll.

Meine zehn Glückserkenntnisse

Die Gespräche mit den alten Menschen haben mein Leben bereichert. Ihre spannenden und bewegenden Erzählungen gaben mir Einblicke in unterschiedliche Lebensgeschichten. Sie alle zeigen, dass die Wege zum Glück, das Glücksempfinden und der Umgang mit dem Glück sehr verschieden sind. Doch am Ende lassen sich aus der Summe der persönlichen Geschichten allgemeingültige Schlüsse ziehen.

1. Leidenschaft entwickeln

Viele Menschen entwickeln bereits früh eine Hingabe zu ihren Hobbys oder zu anderen Tätigkeiten, die sie erfüllen und glücklich machen. Während Männer wegen ihres Jobs gerne andere Interessen vernachlässigen, neigen Frauen eher dazu, ihre Interessen oder auch Fähigkeiten für den Partner oder die Familie zu vernachlässigen. Dabei sind es gerade diese geliebten Beschäftigungen, die einem in jedem Lebensalter beflügeln können und die man nie vernachlässigen sollte, wirklich nie! Denn, wie wir aus Erfahrung wissen: Menschen können uns verlassen, einen Job können wir verlieren – es gibt nun mal im Leben wenig Sicherheiten. Aber die Freude an einer geliebten Tätigkeit bleibt. Sie kann immer wieder eine Quelle für glückliche Momente sein.

2. Vorbilder suchen

Es muss ja nicht unbedingt die extravagante Iris Apfel, jene Modedesignerin aus New York sein. Überall gibt es tolle, alte Menschen, bei deren Anblick man denkt: So möchte ich alt werden! Ein Gespräch mit ihnen kann zur Inspirationsquelle werden. Denn von wem soll ich lernen, wie das gute Leben geht, wenn nicht von einer 100-Jährigen?

3. Sich engagieren

Wer schon in frühen Jahren erlebt hat, dass es manchmal glücklicher macht, mehr an andere als an sich selbst zu denken, kennt dieses doppelte Glücksgefühl, das sich auch Nächstenliebe nennt. Das muss nicht bedeuten, dass man auf Mutter Teresas Spuren wandeln sollte. Zu spüren, dass man mit seinem Einsatz etwas bewegen kann, wirkt sich positiv auf den eigenen Selbstwert aus und kann glücklich machen.

4. Immer in Bewegung bleiben

Körperliche Aktivität hält uns nicht nur geschmeidig und jung, sondern ist auch ein Quell der Freude. Viele Menschen sind vor allem in der Natur glücklich. Und je älter wir werden, desto wichtiger ist es, Muskeln, Kraft und Beweglichkeit zu trainieren, denn genau diese Fähigkeiten geben Sicherheit und Vertrauen in den eigenen Körper. Wichtig ist, eine Bewegungsart zu wählen, die man wirklich mag. Je früher und besser wir diese in unseren Alltag integrieren, desto selbstverständlicher wird sie.

5. Nicht aufhören, zu lieben

Mit der Liebe ist es wie mit der Leidenschaft: Sie lässt uns brennen, und selbst wenn wir zwischendurch erkalten, können wir sie immer wieder entzünden. Egal für wen oder was wir Liebe empfinden. Wichtig ist nur, dass wir nie aufhören, zu lieben. Für die meisten der Befragten in diesem Buch waren die Partnerin oder der Partner, Freunde und Familie, Haustiere und das soziale Umfeld die Grundlage für Glück und Zufriedenheit.

6. *Urvertrauen spüren*
Für manche ist es die Meditation, für andere das Gebet oder das bewusste Innehalten in der Stille, um sich mit seinem höheren Selbst – oder mit wem auch immer – verbunden zu fühlen. Diese innere Geborgenheit kann uns Ruhe, Schutz und Kraft geben, wenn wir diese am nötigsten haben.

7. *Ordnung schaffen*
Loslassen ist tatsächlich ein etwas abgelutschter Begriff, aber es ist einer der größten Glücksbringer überhaupt. Wer einmal gespürt hat, wie gut und befreiend es ist, sich von Menschen, Gewohnheiten oder Dingen zu trennen, die unnötig belasten, Energie stehlen oder bei der persönlichen Weiterentwicklung im Weg stehen, der will immer wieder aufräumen. Und es gibt tatsächlich bis ins hohe Alter diesbezüglich viel zu tun.

8. *Neues ausprobieren und lernen*
Wir sagen viel zu oft Nein, und dabei entgeht uns so manche Chance auf neue Erfahrungen und Erkenntnisse. Manchmal braucht es auch ein bisschen Mut, um über seinen eigenen Schatten zu springen. Doch das Gefühl des Stolzes, wenn wir es geschafft haben, das zu unternehmen, wovor wir uns vielleicht auch gefürchtet haben –

sei es allein zu verreisen, eine neue Sprache zu erlernen oder jemanden anzusprechen, der uns schon lange gefällt –, ist ein Glücksschatz, den uns niemand nehmen kann.

9. Sich glücklich denken

50 Prozent unseres Glückspotenzials liegen in unseren Genen. Aber hey! 50 Prozent der Verantwortung für unser persönliches Wohlergehen liegen allein in uns. Und je früher wir uns im Glücklichsein üben, desto mehr verankern sich diese guten Gefühle in unserem Gehirn. Und bekanntlich macht Übung den Meister. Da macht das Glück keine Ausnahme!

10. Sich selbst lieben

Mit Eigenliebe ist nicht Narzissmus gemeint. Denn wer sich ständig selbst bespiegelt, hat wenig Chancen, das Altern als erfüllenden oder gar glücklichen Prozess zu erleben. Denn Äußerlichkeiten sind ja bekanntlich vergänglich. Aber ein spezieller, eigener Stil, ein gepflegtes Äußeres und ein gutes Körpergefühl können bis ins hohe Alter Selbstachtung und Selbstbewusstsein verleihen, die beide eine gute Ausgangslage für das Glücklichsein sind.

Dank

Immer wieder aufs Neue erstaunte mich, wie offen, unkompliziert und vertrauensvoll mir meine Gesprächspartnerinnen und Gesprächspartner aus ihrem Leben erzählt haben. Mir zeigten, wie viele Facetten Glück haben kann. Und dass dieses manchmal zwar durchaus ein Geschenk des Himmels sein kann, oft aber auch eine Einstellungs- und Willenssache ist. Mein Dank gilt darum zuerst den elf Frauen und Männern, ohne die ich dieses Buch nicht hätte schreiben können. Während meiner Besuche und der langen Gespräche sind neue und bereichernde Freundschaften entstanden. Wir haben zusammen gelacht, aber auch die eine oder andere Träne verdrückt. Diese emotionalen Momente werde ich nie vergessen, sie sind für mich Verpflichtung und Geschenk zugleich.

Mein Dank gilt auch all jenen Menschen, die mir geholfen haben, diese Kontakte zu knüpfen und die für mich Türen geöffnet haben. Und dies nicht nur zu den Wohnungen der Protagonistinnen und Protagonisten dieses Buches, sondern auch zu deren Herzen. Ihre Vermittlung half vor allem auch, das nötige Vertrauen für die Gespräche zu schaffen. Es waren sowohl Freundinnen und Freunde als auch andere Menschen, welche die Idee dieses Buchs gut fanden, die mich unterstützten.

So wie Esther »Bischi« Bischofberger, die für mich nicht nur eine Freundin, sondern immer wieder eine Inspiration ist. Durch ihren großen Freundes- und Bekanntenkreis lerne ich immer wieder wertvolle Menschen kennen. So wie den Naturliebhaber, den »Rosenmann« Max, der mir erst zögerlich, dann sehr ehrlich aus seinem Leben erzählte. Oder Bruno, den gut aussehenden, charmanten Ex-Zahnarzt, der beweist, dass man auch mit 80 noch lange nicht zum alten Eisen gehört. Maya Marburger hat mir ihren Lieblingsonkel Paul ans Herz gelegt. Paul ist inzwischen auch zu meinem Lieblingsonkel geworden (siehe Foto). Danke, liebe Maya, für diesen unerwarteten Familienzuwachs. Durch meine Freundschaft mit Edith Schmitt wurde es möglich, die außerordentliche Margot zu treffen, die einen solchen Schwung und eine solche Energie hat, dass ich mir gerne ein Stück davon abgeschnitten hätte. Ihren 100. Geburtstag hat Margot übrigens mindestens sechsmal an den verschiedensten Orten mit ihren Liebsten gefeiert. Eine Idee, die durchaus nachahmungswert ist. Feiern kann man schließlich nie genug! Meine Herzensfreundin, die Numerologin Christine Bengel, machte mich auf die Eltern ihrer Partnerin Hanna Rick aufmerksam, das wunderbare Ehepaar Gene und Pe. Dieses zeigte mir, dass man auch nach jahrzehntelanger Ehe eine solche Innigkeit und

Liebe ausstrahlen kann, dass man fast etwas neidisch werden könnte. Dass man auch mit fast Mitte 80 Vorbild in vielen Lebensbereichen sein kann, beweist Suzette Tag für Tag. Ihre Tiefgründigkeit, ihr feiner Humor und ihre Sensibilität sind eine wahre Freude. Genauso wie ihr Lebenspartner, der liebenswerte Bernhard. Meine Freundin Ursula Grond-Morath hatte ich viele Jahre aus den Augen verloren. Durch die spannenden Gespräche mit ihrer Mutter Margrith ist auch die Freundschaft mit Ursi neu erblüht. Von verschiedenen Seiten wurde mir die Künstlerin Jrmy wärmstens empfohlen. Schon beim ersten Treffen mit ihr wurde mir klar, warum so viele Menschen von ihr schwärmen: Jrmy ist nicht nur kreativ, wenn es ums Malen und Quilten geht, sie ist auch eine Lebenskünstlerin. Herzlich, bodenständig und liebenswert ließ sie mich miterleben, wie man auch im hohen Alter noch Liebe und Leidenschaft in einer späten Partnerschaft erleben kann. Auch in der eigenen Familie habe ich jemanden gefunden, der mir immer wieder aufs Neue beweist, wie man auch mit 90 Jahren das Leben immer wieder neu anpacken kann – selbst, wenn einem das Schicksal so manchen Stein in den Weg legt. Meine liebe Schwiegermutter Heidy hat mich nicht nur mit offenen Armen in die Familie aufgenommen, genau so offen und ehrlich war sie in den gemeinsamen Gesprächen.

Während der zwölf Monate, in denen dieses Buch entstand, hatte ich selbst hin und wieder mit Schwierigkeiten gesundheitlicher Natur zu kämpfen. (Auch ich werde nicht jünger.) Darum gilt mein Dank auch allen Freundinnen und Freunden, die mich in dieser Zeit unterstützten und begleitet haben: Yvonne Helm, Irmgard Bösch, Judith Imlig, Joe Hättenschwiler, Elke Müller, Adriana Meluchova, Quynh Arguello, Brigitte Meyer, Roberto Zimmermann, Catharina Fingerhuth, Jasna Kovacevic, Monica Kissling, Isabelle Stüssi und Nenad Kovacic, Cordula Gieriet, Peter Brun, Sandra Reif, Christine Hoff, Michaela Zenhäusern, Dominic Geisseler, Silvan Grütter und Gabriela Braun.

Während des Schreibens dieses Buches ist mir einmal mehr klar geworden, wie wichtig mir meine Familie ist. Und immer wichtiger wird. Darum danke ich Jeannette und Mario, Catherine, David und Finn, Jean-Claude, Livia und Thibault, Myrtha und Christian. Und natürlich auch Louis und Millie, die täglich mein Herz erfreuen. R.I.P., liebe Jil. In Gedanken bei euch, Leila und André. Und danke, Mami. Wo immer du auch bist: Ich weiß, dass du immer ein Auge auf mich hast.

Ein besonders großer Dank gilt meinem langjährigen Freund, dem Fotografen Walter M. Huber, der die wunderbaren Porträts für dieses Buch gemacht hat. Ich freue mich schon auf die nächste Zusammenarbeit!

Last but not least. Es gibt viele Lieben im Leben einer Frau. Aber nur eine ganz große: You're the man, Hanspeter.

Silvia Aeschbach

192 Seiten
16,99 € (D) | 17,50 € (A)
ISBN 978-3-86882-859-7

Andrea Micus
Die Glückskurve des Lebens
Warum es ab der Lebensmitte nur noch bergauf geht

Wissenschaftliche Studien zeigen, dass die Glückskurve des Lebens ähnlich wie ein U verläuft. Jugendliche und junge Erwachsene sind bis zum Alter von etwa 30 Jahren noch recht zufrieden mit ihrem Leben. Danach geht es gefühlsmäßig bergab bis man im Alter von 42,5 Jahren den Tiefpunkt erreicht: Und jetzt? Danach steigt bei vielen das Zufriedenheitsniveau unaufhörlich wieder an. Doch woran liegt das? Dieses »Glück« ist nicht einfach ein Geschenk der Biologie oder der Lebenserfahrung, sondern kann bewusst gesteuert werden. Andrea Micus erklärt anschaulich das Phänomen der Glückskurve und zeigt, was man tun kann, um die Intensität und die Dauer des neuen Glücks zu lenken und zu beeinflussen.